Felix Liebermann

Einleitung in den Dialogus de Scaccario

Felix Liebermann

Einleitung in den Dialogus de Scaccario

ISBN/EAN: 9783744641944

Hergestellt in Europa, USA, Kanada, Australien, Japan

Cover: Foto ©ninafisch / pixelio.de

Weitere Bücher finden Sie auf **www.hansebooks.com**

EINLEITUNG

IN DEN

DIALOGUS DE SCACCARIO.

VON

F. LIEBERMANN
Dr. Phil.

GÖTTINGEN,

Verlag von R. Peppmüller.

1875.

Meinen Eltern

gewidmet.

Nachstehende Einleitung zum „Dialogus de Scaccario"
will die Benutzung dieser wichtigen Quelle englischer Ver-
fassungsgeschichte erleichtern. Ueberall auf den trefflichen
Werken von Gneist und Stubbs fussend, fühlt sich der
Verfasser diesen Herren und der persönlichen Anregung seiner verehrten Lehrer, der Herren Proff. Waitz und Pauli
zu tiefem Danke verpflichtet.

I. Erhaltung des Werkes.

1. Handschriften.

Von der ersten Finanzbehörde der anglo-normannischen Könige sind trotz der veränderten Zeiten, Dank dem conservativen Geiste des brittischen Staatslebens, einige Reste bis auf den heutigen Tag [1]) erhalten geblieben.

Unter den Archivschätzen dieses Verwaltungs-Amtes, das noch den Namen des [2]) Exchequer führt, befinden sich u. A. zwei Sammelbücher von wesentlich geschäftlichem, zum Theil gleichen Inhalt.

Das eine heisst der Liber rubeus (ruber) scaccarii und enthält Königsurkunden, Auszüge aus Pipe Rollen, Heerdienststammrollen, Gebräuchen des Exchequerhofes, Documente über Krondomänen u. dergl. Der grösste Theil ist unter Heinrich III. eingetragen, manches andere wichtige später bis zu Richards II. Zeit [3]).

Auf Folio XXXI bis XLVI befindet sich ohne Ueberschrift das uns hier beschäftigende „Zwiegespräch über den Exchequer", dessen Handschrift auf die ersten Decennien des 13ten Jahrhunderts weist. — Gleich dahinter steht ein Bericht über eine Verhandlung zu Westminster vom 12. Juli 1227 vor dem König und einer langen Reihe von Anwesenden, deren letzter „Alexander, Archidiaconus Salopiae, Clericus tunc Regis, qui interfuit et hoc scripsit;

---

[1]) Hauptquelle für die Geschichte des Exchequer für die Zeit, wo uns Madox verlässt: Thomas, History of the Exchequer 1846. 8.

[2]) Deutsch wird allgemein das Wort männlich gebraucht, analog dem französischen échiquier. Im Englischen ist es natürlich sächlich.

[3]) Cooper. On the public records of Gt. Britain 2. 309—25.

cujus liber iste fuit" [1]) auf sich als Besitzer, vielleicht selbst als Abschreiber des Buches hinweist. Dieser Alexander hat bereits unter Johann im Exchequer gearbeitet und starb 1246.

Schon das äussere Ansehen, kleine Lücken für unlesbare Worte beweisen, dass wir hier kein Original vor uns haben. Dass ein solches dem Schreiber jedoch noch vorlag, kann mit Hardy [2]) getrost angenommen werden, da es keinem eher benutzbar sein konnte, als einem nur um eine Generation jüngeren Beamten derselben Behörde, für und über welche die Abhandlung geschrieben ist.

Das zweite jener oben erwähnten Bücher heisst — ebenfalls nach der Einbandfarbe — Liber Niger Receptae Scaccarii. Es enthält neben astronomischen und chronologischen Notizen Exchequerverordnungen und von fol. 18 an dieselbe dialogische Abhandlung über den Exchequer [3]), ebenfalls ohne Ueberschrift. Die Lücken in dieser Copie, die unter Eduard I. angefertigt ist, sind oft 3 bis 4 Zeilen lang, doch von einer gleichzeitigen Hand angefüllt. Sie ist nicht Copie des Liber ruber (L. R.), da sie mehrfach vollständiger [4]) und correcter [5]) ist: vielleicht lag auch ihr noch das Original zu Grunde.

Sämmtliche übrige Handschriften sind in den letzten Jahrhunderten entstanden und allem Anschein nach aus L. R. oder L. N. entnommen [6]), kommen also hier nicht in Betracht.

---

[1]) Madox, The history and antiquities of the Exchequer. 4. II. 335.

[2]) Descriptive Catalogue of Materials relating to the History of Gt. Britain and Ireland, II. 410. Wenn er Alexander den Schreiber des Dialogus nennt, ist zu vermuthen, dass er die Handschrift verglichen hat.

[3]) Hardy l. c. II. 410, III. 330. Madox II. 334.

[4]) Evidente Stellen: (Abdruck bei Madox) II. 350g; ib. k; 362x; 367g u. s. w.

[5]) 349c; 350h; ib. i; 352b; 360l u. s. w.

[6]) Darunter auch eine englische Uebersetzung. Gedruckt erschien eine solche London 1758. 4. Ich habe sie nicht gesehen. — Vergl. Hardy II. 411 und I. 798.

2. Drucke.

Obwohl schon die frühesten englischen Bibliographen und Antiquare die Wichtigkeit des Werkes erkannten, ward es doch erst 1711 von Madox, dem grössten Kenner früh-englischer Urkunden, als Appendix seiner unvergleichlichen [1] „Geschichte und Alterthümer des Exchequer der Könige von England von der normannischen Eroberung bis zum Ende Edwards II." abgedruckt, zwar nach moderner Abschrift [2]), die aber mit aller nur wünschenswerthen Genauigkeit [3]) mit L. R. und L. N. verglichen ist. Letzterem folgt Madox durchweg und giebt die Lesart R's. in den Noten und nur da im Text, wo sie zweifelsohne besser ist.

Capitel und Absatzüberschriften fand er nur in R. Sie sind jedenfalls zum Theil, wahrscheinlich alle original; denn N. hat Raum für alle gelassen, und nur durch sie war die oftmalige Bezugnahme auf Vorhergehendes und Folgendes möglich, die sogar mehrfach beginnt: „In titulo de" [4] . . . etc.

Eine unveränderte Neuauflage des Madox'schen Foliobandes ist 1769 in zwei Quartbänden erschienen. Dann hat Stubbs mit Verbesserung einiger Schreib- und Druckfehler, aber leider ohne Einleitung, Inhaltsübersicht und die unentbehrlichen Anmerkungen, diesen Text in seine „Select Charters and other illustrations of English Constitutional History" (Oxford 1870. 8. 2te Aufl. 1874) aufgenommen. Wegen der grossen Verbreitung dieses letzteren Büchleins citiren wir nach ihm in der neuen [5]) Ausgabe.

---

[1]) Seine Einleitung über Methode antiquarischer Studien verdient noch heute Beachtung. Vergl. übrigens Stumpf, Reichskanzler, I. 34; Gneist, Gesch. des engl. Verwaltungsrechts, 201; Pauli, Gesch. von England, 3. 894.

[2]) Nicht direct aus L. N., wie Hardy a. a. O. sagt. Vergl. Madox' Dissertatio Epistolaris. Noch weniger aus L. R., wie Stubbs, Sel. Ch. 168 sagt.

[3]) Ilis z. B. und Ilijs, Tricolumnis und Tricolumpnis stets unterschieden.

[4]) Z. B. (Ed. II. Stubbs) p. 186, 188, 220.

[5]) Die zweite Auflage zeigt manche Verbesserung, z. B. p. 162.

Z. 17 (der ersten Ausgabe) ist „circa“ vor „magna“ eingeschoben; p.
230 Z. 11 v. u. ist „quem“ statt „quae“ aus N. aufgenommen.

Hier mögen gleich einige Textcorrecturen folgen; sie leuch-
ten mit Madox' Noten meist von selbst ein, aber ohne dieselben
sind sie unentbehrlich:

p. 169 Z. 25. Hinter regi aus R. „juraque subsistere“ aufzunehmen, als der Wortökonomie des Dialogs entsprechend.

p. 172 Z. 15 v. u. Statt qui praesunt hat R. allein richtig scilicet
qui praeest, denn es gibt neben dem fusor nur Einen miles argentarius. s. 4 Zeilen weiter und p. 174 10te Zeile.

p. 178 Z. 19. Secundae wahrscheinlich in Tertiae zu ändern. Mindestens ist die 3te Bank gemeint. s. Z. 15 v. u.

p. 178 Z. 21 v. u. Zweifelsohne oculata fido statt des sinnlosen
occulta. vergl. p. 225 Z. 12 v. u.

p. 181 Z. 18 v. u. Offenbar oblatam statt ablatam, wie aus Z. 17
v. u. offerendam hervorgeht.

p. 183 Z. 20. Ostendetur in R. besser als N's. ostenditur; die
agenda werden ja erst unten besprochen.

p. 189 Z. 4. Propitius in R. ist sinnlos. N. hat eine Lücke. Wahrscheinlich praepeditio aus praepedire (vergl. praepeditus p.
218), dem impeditio analog gebildet, was dem Dialog zuzutrauen ist.

p. 194 Z. 20. Statt Haec offenbar Nec zu lesen. Es hiesse ja sonst,
es wäre keine Münzverschlechterung eingetreten!

p. 205 Z. 26. alaniorum sicher verderbt. Madox' Vorschlag aliquo-
rum passt auch nicht. Vielleicht ballivorum.

p. 209 Z. 9 v. u. justiciariorum aus R. wird N's justiciarii vor-
zuziehen sein: es sind die Reiserichter, nicht der Capitalis
Justiciarius gemeint.

p. 213 Z. 17 v. u. Hinter praesidentibus ist aus R. taxantibus
einzuschieben.

p. 214 Z. 17 v. u. Hinter insignia ist opera wol nur ausgefallen,
denn 7 Zeilen weiter opus insigne.

p. 215 Z. 14. Statt vi bieten beide MSS und die erste Ausgabe vix,
wie Donat Vit. Virgil. 16, 64 (non) facile.

p. 218 Z. 5 v. u. Statt necesse aus L. R. das gewiss richtigere tech-
nische ventum zu setzen.

p. 228 Z. 14 v. u. Statt quis, bemerkt Madox, sei als vielleicht richtige Lesart civis zu lesen. Jedenfalls! s. Z. 4 v. u.

p. 229 Z. 4. Lies M(agister) statt D(iscipulus). Bei Madox richtig.

p. 229 Z. 5. Ex ist sinnlos. Vielleicht ecce, wie auch p. 215 Z. 5
N. ex aus ecce gemacht hat.

p. 231 Z. 6 v. u. Sollte „dictuum“ richtig sein? Nicht dictorum?

p. 231 Z. 20 v. u. Statt praesidente ist praecedente zu lesen.

p. 238 Z. 10 v. u. Statt prius muss mit N. post gelesen werden: der Beginn von cap. XVI handelt über Veräusserungen durch einen Fiscusdebitor und zwar nach dem Anfange der Verschuldung.

Schliesslich fordert wahrscheinlich p. 169 6te Zeile die dem Sinne nach bedeutende Emendation „mobilium" (Capital). Sonst muss von Porro his exaltant oder cedunt eine Klammer gesetzt werden, denn das folgende bezieht sich jedenfalls auf Geldmittel.

Bei einer neuen Auflage wäre auch die Auszeichnung sämmtlicher Hexameter und sonstiger Citate zu wünschen: solche sind z. B. p. 183 Z. 23; 189 Z. 9 v. o. und Z. 15 v. u.; p. 203 fugae aequoreae (Virgil?); p. 215 Z. 14; Z. 17 v. u.; Z. 19 v. u.; p. 217 Z. 20 v. u.; p. 245 Z. 12 u. A.

II. Abfassungszeit.

Der Beginn der Abfassung des „Zwiegesprächs vom
Exchequer" ist nicht ganz genau festzustellen, weil der Verfasser gewiss erst nach manchem Feilen die uns vorliegende
Form dictirt [1]) hat, wird aber nicht vor 1177 anzusetzen
sein, da das 23. Jahr Heinrichs II. als Zeit der Unterhaltung fingirt ist [2]).

Vollendet war das Werk frühestens Ende 1178, da
einer königlichen Verfügung bei der Exchequerabrechnung
24. Henry II. [3]) gedacht wird. Und wenn von deren In-
krafttreten „von nun an, künftig" geredet wird, so konnte
das wol nur vor Michaelis 1179 geschehen, wo sie bereits
in Kraft getreten sein musste.

Da ferner die Sechstheilung Englands für die Reiserichter, die 1176 [4]) getroffen ward, erwähnt wird, und zwar
als noch nicht geändert [5]), so muss das Werk vor dem April
1179 geschrieben sein: denn da fand ein gänzlicher Wechsel in der Zahl der Theile und in den Personen der Richter [6]) statt.

---

[1]) Die höheren Exchequerbeamten schrieben sämmtlich nicht
selbst, sondern dictirten ihren Secretairen.

[2]) Dialogus de scaccario (D.S.) p. 170. — Die Jahre Heinrichs II.
zählen vom 6. Decbr. 1154; warum setzt also Stubbs den Beginn
1176? (Constitutional History 491).

[3]) D.S. p. 200. Die Abrechnung erfolgt nur einmal im Jahre:
Michaelis. — Man nahm übrigens gern Urkunden der nächsten Ver-
gangenheit als Beispiele, vergl. die von Glanvilla angeführten (bei
Phillips, Engl. Rechtsgesch.) VIII. 2.

[4]) D.S. p. 215: „post naufragum regni statum", d. h. nach dem
Bürgerkrieg von 1173/5. — Vergl. (Sogen.) Benedictus Abbas ed.
Stubbs 1. 107; Stubbs, Constit. Hist. p. 485. — Auf diese arctior as-
sisa spielt auch p. 228 an.

[5]) Vom Perfect wird zum Präsens übergegangen.

[6]) Benedict 1. 239.

So können wir mit hinlänglicher Sicherheit die Vollendung des Werkes in den Winter 1178—79 verlegen.

Brunner [1]), Gneist [2]), Pauli [3]) stimmen uns bei. Nur Stubbs hat die Abfassungszeit hinter 1181, vielleicht bis 1188 hinausschieben [4]) wollen.

Allein die Stelle: „Vivat et proles ejus (nämlich Heinrichs II.) patri subjecta nec dissimilis" auf p. 207 kann unmöglich nach 1183 geschrieben sein, wo der junge König Heinrich (III.) starb. Auch dass dem Namen Richards, der seit 1175 Bischof von Winchester war, fast stets „quondam archidiaconus Pictavensis" [5]) beigefügt wird, lässt viel eher auf eine Abfassungszeit schliessen, wo derselbe die Bischofswürde erst kürzlich erlangt hatte. Stubbs meint, erst von 1181 an könne man die Reiserichter [6]) als regelmässiges Verwaltungsorgan betrachtet haben, wie im Dialogus geschieht. Nun sind zwar die Pipe-Rollen jener Jahre ungedruckt, aber die Auszüge bei Madox genügen vollkommen, mindestens seit 1174 nicht sporadische, sondern regelmässige Circuitus zu beweisen [7]).

---

[1]) Die Entstehung der Schwurgerichte p. 134: „vermuthlich 1178 verfasst."

[2]) Gesch. des engl. Verwaltungsrechts (1866) p. 201: „die Entstehungszeit ist ziemlich sicher a. 1178 zu setzen".

[3]) Gesch. von England 3. 136: „wahrscheinlich geschrieben ... bald nach 1178".

[4]) Gesta Henrici Benedicti abbatis I. p. LX.

[5]) D. S. 214.

[6]) Ueber sie D. S. 211, 215, wo auf die Assise von Northampton angespielt ist. s. vorige Seite.

[7]) Madox I. 123. Vergl. Gneist l. c p. 261.

III. Verfasser ist Richard, Sohn Nigels.

Jahrhunderte lang galt für den Autor des Zwiegesprächs vom Exchequer Gervasius von Tilbury [1]).

Bei Bale [2]) zuerst finde ich dies abgedruckt. Obwohl er nicht angab, wo er die Nachricht hernahm, und Dugdale u. a. ihr widersprachen, ward der Irrthum vielfach abgeschrieben, auch nachdem ihn Madox [3]) genügend zurückgewiesen, ohne freilich den Grund der Verwechselung gefunden zu haben.

Hier genügt es, darauf hinzuweisen, dass Gervasius, wie aus den ersten Worten seiner, inzwischen bei Leibnitz [4]) abgedruckten, „Otia imperialia" hervorgeht, Laie war, während unser Verfasser sich als Geistlichen [5]) kund gibt, und dass jener gerade zu der Zeit in Italien war, in der dieser das Zwiegespräch zu Westminster gehalten haben will [6]).

Wer ist nun der wirkliche Verfasser? — Beide Handschriften nennen seinen Namen nicht: es ist Madox' Verdienst, ihn entdeckt zu haben.

---

[1]) Ueber ihn s. Wattenbach, Deutschlands Geschichtsquellen (1874) II. 341 (von den Otia ist übrigens Einiges bei Duchesne III. 373) und Hardy III. 25.

[2]) Scriptor. Britann. Centur 3. (Fol. Bas. I.) p. 250.

[3]) L. c. II. 342.

[4]) S. S. Brunsvicens I. 881. — In der geistreichen Vorrede hat Bale's Citat aus D. S. p. 184 zu dem Irrthum verleitet, Bale habe einen Tricolumnus edirt.

[5]) D. S. p. 245: (ob Geistliche zu bevorzugen) a laicis rescito; his supersedeo, ne dicar meae conditionis hominibus mitiora jura dictasse.

[6]) Schmid, Gesetze der Angelsachsen (1858) p. 614, s. v. hundord, und Gneist l. c. p. 58 citiren D. S. p. 209 Z. 3—5 erst die 15 ersten Wörter unter Gervas Tilb., dann das Ganze unter Dialog. de Scacc.!!

Auf fol. 47 des Rothbuchs finden sich nämlich folgende
Worte: „Anno . . 1230 . . ego Alexander (es ist der oben,
p. 6, erwähnte) . . . . ad hoc animum direxi ut . . . . ser-
vicia militaria . . . percunctarer; cum neque Nigellus, quondam Elyensis Episcopus, Regis Henrici I. Thesaurarius, . . .
nec ejusdem successor officii, Ricardus Londoniensis Episcopus, licet in sui libelli tractatu superius multa de
negociis scaccarii degereret, nec Willelmus Elyensis . . . cer-
tum aliquid diffinirent". Da nun das Rothbuch keinen andern Tractatus enthält, als auf fol. 31—46 unsern Dialog,
so folgt, dass Alexander den Bischof Richard für
den Verfasser hielt. Dass er sich etwa geirrt, ist un-
denkbar, da Richard noch 1198 Schatzmeister war, Alexander jedenfalls unter seinem directen Nachfolger, wenige
Jahre später im Exchequer gearbeitet hat [1]).

Ist es noch nöthig, dem hinzuzufügen, dass unter den
höheren Exchequerbeamten, zu denen sich der Verfasser
zählt, damals kein Geistlicher war, von dem uns sonst li-
terarische Neigungen [2]) bekannt wären, der mit Roger von
Salisbury und Nigel von Ely in nächster Verwandtschaft
gestanden hätte, die allein die überschwängliche Verehrung
des Verfassers für sie [3]) erklären kann — als eben Richard
der Sohn Nigels und Grossneffe Rogers? Und wenn der
Verfasser des Dialogus p. 205 erzählt: „Während der Krankheit Nigels" (er war drei Jahr vor seinem Tode 1169 gelähmt [4]) „vertrat ich ihn am Exchequer und setzte durch,
dass die unrechtmässig von seinen Leibeigenen erhobene
Summe mir erstattet ward, die ich ihnen dann zurückgab",
so ist es unmöglich, an einen Anderen als Richard zu denken, der allein sich Nigels Stellvertreter nennen durfte,
weil er Schatzmeister war, und dem allein des Bischofs Vermögen zu verwalten zukam, da er ja sein
Sohn und zugleich Archidiaconus von Ely war.

---

[1]) Die Stelle vollständig, Madox II. 345h.
[2]) S. darüber weiter unten.
[3]) D.S. p. 170, 194, 199, 205.
[4]) S. weiter unten.

In der That ist die Autorschaft Richards hiermit über die Wahrscheinlichkeit hinaus zur Sicherheit erhoben. Auch hat schon Madox' Beweisführung keinen Gegner gefunden: wenn der Dialog hier und da noch unter dem Gervasius citirt wird, so liegt dem, soviel ich sehe, nirgends neue Forschung zu Grunde. Dass Richard anderen nur wahrscheinlich der Autor zu sein scheint, liegt an der vorsichtigen Bescheidenheit Madox' [1]).

Gneist [2]) und Delisle [3]) haben sein Urtheil nur referirt, Pauli [4]) und Brunner [5]) nennen sein Resultat „höchst wahrscheinlich", Stubbs [6]) und Hardy [7]) stellen es als unzweifelhaft hin.

A. Richards Leben.

Mehr als der Name des Verfassers interessiren uns seine Schicksale und Gesinnung. So erfahren wir, welchen Grad der Wahrheitstreue wir bei seinem Werke voraussetzen dürfen.

Keiner der Zeitgenossen hat uns von Richard eine besondere Biographie aufbewahrt, und Neuere erwähnen ihn nur beiläufig in der Geschichte der Literatur oder des Exchequer oder des Bisthums von London. — Vielleicht gelingt es dennoch, aus zufälligen Andeutungen zum Theil parteilicher Schriftsteller, aus Urkunden, die freilich meist nur Zeit und Ort seines Aufenthalts beleuchten, vor Allem aus seinem Zwiegespräch selbst, die hauptsächlichen Umrisse zum Bilde des Mannes aufzudecken. Das nur sei voraus bemerkt: die Seele des Beamten ist mit dem Amt untrennbar verwachsen. Das Thema müsste lauten: die Geschichte der engli-

---

[1]) Hunters Ausdruck dafür; „unwürdige Furchtsamkeit" (Fines Ed. 1. XII) ist selbst unwürdig.

[2]) L. c. p. 201.

[3]) Bibl. de l'école des Chartes II. 5. 176.

[4]) L. c. 3. 136.

[5]) In Holtzendorffs Encyclopädie (1873) p. 238.

[6]) Select Ch. 1. 168; Const. Hist. 1. 377 u. sonst.

[7]) L. c. 2. 410, 516 u. 3. 27.

schen Verwaltung in der zweiten Hälfte des zwölften Jahrhunderts, wenn das Leben des Schatzmeisters und Richters als solchen geschildert werden sollte.

1. Richards Familie.

Richard war kein selbstgeschaffener Mann; seine Laufbahn war aufs Engste an die seines Grossoheims Roger und seines Vaters Nigel geknüpft, und kann nur nach Betrachtung dieser Männer verstanden werden.

Roger von Salisbury.

Wie der Erstere vom armen Priester — noch seinem Sohn haftete der Beiname Le Poor [1] an — durch einen Glückszufall zum Hofkaplan und zum Kanzler Heinrichs I. aufstieg, als Bischof von Salisbury und Grossjusticiar der Erste nach dem König und durch grossartiges Verwaltungstalent bei dessen häufiger Abwesenheit der eigentliche Reichsregent [2] ward, das ist von mehreren vortrefflichen Historikern seiner Zeit, von denen Einer [3] ihn nahe kannte, ausführlich berichtet und ihnen gut [4] nacherzählt worden.

Für irdische Macht, für weltliche Lust [5] durchaus nicht unempfänglich, verstand er es geschickt, mit der Kirche auf gutem Fusse zu stehen: er erschien seit langer Zeit wieder als der erste canonisch Erwählte in der englischen Kirche; sein Bisthum [6] bedachte er auf das Reichste und

---

[1] D. S. spielt in „Paupertas tenuis quam sit foecunda virorum" auf ihn an. p. 194; vergl. Benedict ed. Stubbs II. LXXXVI.

[2] „Unter seiner Leitung wurde das ganze Verwaltungssystem umgewandelt", Stubbs, Const. II. 1. 349 u. 377. Derselbe sagt im Benedict. Ed. II. LXXXVI: „R. war der Gründer der Exchequerorganisation". Ich glaube nicht, dass man ihm so viel zuschreiben darf und betrachte D. S. 194 als vollgültiges Zeugniss dagegen; wenn auch mit dieser Stelle die sonst bekannte Chronologie von Rogers Laufbahn nicht klar vereinbar ist. Vergl. weiter unten.

[3] Wilhelm von Malmesbury (ed. Hardy) p. 727.

[4] Foss, Biograph. Diction. 562.

[5] Der Kanzler Roger war sein Bastard, Orderic 5. 120.

[6] So selbst sein Feind, der Verf. der Gesta Stephani (Duchesne

dio Nachkommen stellten ihn den ehrgeizigen Prälaten ihrer Zeit als Muster auf, da er nur auf ausdrückliches Drängen des h. Anselm von Canterbury und des Papstes [1] selbst bewogen sei, des weltlichen Amtes zu walten.

Nigel von Ely unter Heinrich I.

Selbst ungebildet, liess Roger dem Sohn und den Neffen bei Anselm von Laon eine gute Schulbildung [2] geben und zog dann die jungen Männer an den Hof. — Nigel, der als „Neffe [3] des Bischofs" seit 1124 [4] mehrfach, zunächst ohne selbstständigen Amtstitel, in der Umgebung des Königs auf Urkunden erscheint, war um den Beginn des Jahrhunderts [5] bei Caen [6] von niederen [7] Eltern geboren. Zur Zeit seines ersten Auftretens in England wird er bereits im Exchequer gearbeitet haben, denn bald darauf stieg er durch des Oheims Einfluss zu dem wichtigen und einträglichen Posten des königlichen Schatzmeisters, der doch eine mehrjährige Vorübung erforderte. — 1130 [8]

S. S. Normann) 949 u. 24 Hexameter: „de damnis ecclesiae Sarisburiensis per Rogerum reparatis" in Hildeberti opera ed. Beaugendre p. 1355. Dort auch der noch unbeachtete Brief H's an Roger L. 2. ep. 12.

[1] Nach dem für seinen Freund vielleicht parteilichen Malmesbury p. 637, wiederholt bei Radulf de Diceto (ed. Twysden X. Scriptores Hist. anglic. c. 606 u. c. 652 ad a. 1190) und gegen Wilhelm von Ely und Hugo von Durham gemünzt. Vergl. auch Guillelm Neubrigensis (ed. Hamilton) L. 1. c. 6.

[2] Malmesbury p. 728. Hermannus, De Miraculis B. Mariae Laudun. L. II. c. 13. ed. d'Achéry p. 539.

[3] Er war nicht etwa Rogers Sohn; der Bischof hat den jüngern Roger bevorzugt (Orderic 5. 120). Alexander war ebenfalls Rogers Neffe, nicht Bruder „pro anima patris et matris et avanculi Rogeri Sarisbur., Mon. Anglic.

[4] Chronicon monasterii de Abingdon (ed. Stevenson) II. 164.

[5] Nicht viel früher, denn er starb 1169, ohne dass die Historia Eliensis sein hohes Alter erwähnt; auch nicht viel später, wenn er bereits 1124 im Staatsdienst war.

[6] Wenigstens war Roger dorther.

[7] Die Quellen sagen sämmtlich, dass Roger keiner reichen oder adlichen Familie entstammte.

[8] Pipe Rolle 31 Henry I. ed. Hunter p. 56, 63. Dass sein

cassirte er in der Normandie mit dem Kämmerer die Zahlungen an den Fiscus ein, und wenn er auch auf Urkunden nur vereinzelt als Thesaurarius [1]) erscheint, so nahm er doch dauernd eine hohe Stellung in der Schatzkammer ein. Das beweist die häufige Erwähnung seines Namens in der Pipe Roll 31. Henry I. unter den als Exchequerbeamten Immunen und die Beilegung dieses und ähnlicher nicht technischer Titel durch Gleichzeitige und seinen Sohn [2]).

Bisher Domherr an der Londoner Kathedrale [3]), erhielt er noch als junger Mann durch den Einfluss des Oheims [4]) — wie dessen Sohn die Kanzlei und der andere Neffe, Alexander, das bedeutende Bisthum Lincoln — 1133 den Bischofssitz in der reichen [5]) und wegen natürlich fester Lage politisch wichtigen [6]) Insel Ely. Er versprach den Mönchen die verzettelten Besitzungen wieder herbeizuschaffen, bemühte sich auch wirklich darum, gerieth aber bald in dasselbe gespannte Verhältniss mit ihnen, wie es damals an vielen englischen Klosterkathedralen zwischen Mönchen und weltgeistlichen Oberen bestand; namentlich als, während er bei Hofe beschäftigt war, sein Verwalter Ranulf sich rücksichtslos und habgierig zeigte und nach einigen Jahren mit Kirchengeldern verschwand.

College Kämmerer war, folgt aus Monasticon Anglicanum (1846) VIII. 1271.

[1]) Noch 1131 zeugt er für S. Martin, Dover, zu Westminster als nepos episcopi, Mon. Angl. IV. 538; ebenso 1132, Monast. Angl. 8. 1179, 1274. — Dagegen ist unter den Zeugen der Urkunde Heinrichs I. für Cluny vom Mai 1131 aus Rouen, welche Innocenz II. bestätigt (in Bibliotheca Cluniacensis 1393) ein Nahel thesaurarius — offenbar Lesefehler für Nigel.

[2]) D. S. p. 191. Keinesfalls darf er aber mit Le Prévost (Orderic. ed. 5. 92) Schöpfer des Exchequer heissen.

[3]) Bentham, History of the Church of Ely 137.

[4]) Der Mönch von Ely sagt: „auf Bitte der Mönche von Ely erlaubte Heinrich I. die Wahl" — sie wird schwerlich canonisch gewesen sein. Angl. Sacr. I. 618.

[5]) Malmesbury. Gesta Pontificum (Rolls Edit.) 324. Pipe Roll a. 1130 p. 44. Guil. Neubr. IV. 14.

[6]) Gesta Stephani (Duch.) 949. Huntingdon (ed. Petrie) p. 693.

Durchaus parteilich ist daher die zeitgenössische Geschichte Richards [1]), des Mönches, späteren Priors von
Ely. Neben der Angreifung des Kirchenvermögens hat doch
auch Schmälerung der Tafel und der freien Bewegung den
Gottesknecht geärgert. Höchstens einige der Thatsachen
dürfen wir ihm entnehmen; die Chronologie ist oft verwirrt,
den Brüdern Nachtheiliges fortgelassen; der Gesichtskreis
geht nicht viel über die Kloster-Insel hinaus. —
Auch bei Hofe kamen bald schlimme Zeiten für Nigel.

König Stephans Zeit.

Nach dem Tode Heinrichs I. wandte sich Rogers Familie Stephan [2]) zu, obwohl nicht ohne einiges Bedenken,
und erst nachdem die Städte Winchester und London, der
Primas und der Bischof von Winchester sich für ihn erklärt
hatten. Wahrscheinlich war für die Sache der Kaiserin
zunächst nichts zu hoffen, oder die Erhaltung der Staatsordnung stand ihnen höher, als das Recht der Erbfolge;
gewiss haben auch die grossen Zusicherungen des Usurpators an die Kirche und besonders den Beamten-Clerus —
in beiden wurzelte ihre Macht — mitgewirkt, dass sie der
Tochter des Wohlthäters den Treueid brachen. Möglich,
dass sie seiner ledig zu sein sich einredeten durch deren
Heirath mit dem verhassten Anjou [3]), durch Heinrichs Unterdrückung der Kirchenfreiheit, endlich gar durch eine an-
gebliche Enterbung der Tochter [4]).

---

[1]) Von seinem Werke ist nur eine spätere verstümmelte Abschrift bei Wharton, Anglia Sacra I. 615 gedruckt, denn die Ausgabe der Historia Eliensis durch die Anglia Christiana Society ist nur
bis Band 1 gekommen und umfasst unsere Zeit nicht.

[2]) Dass Wilhelm von Pont de l'Arche, der eine Schatzmeister,
widerstanden, sagen die auf Stephans Seite stehenden Gesta Steph.
(Duch.) 928. Er aber war der College Rogers und Nigels, s. oben
p. 16 Anm. 8 u. Malmesb. 703.

[3]) Malmesb. Hist. novella (Hardy) p. 693, ausdrücklich, ohne dies
als Grund zum Abfall anerkennen zu wollen. Aber Malmesbury
schreibt für Mathildens Bruder.

[4]) Vergl. Stubbs, Constit. H. 319, 325. Lappenberg 2. 297.

Roger soll später geleugnet haben, in irgend ein persönliches Dienstverhältniss [1]) zu Stephan getreten zu sein: aber gewiss ist, dass er seinen Titel und die Amtsgewalt zunächst behielt [2]), für seinen Sohn die Stelle des Kanzlers, für seinen Neffen Nigel die des Schatzmeisters kaufte; dass also die Familie für den fremden König [3]) die Verwaltung fortführte. Ja, in dessen Abwesenheit 1137 leitete sie, wie unter Heinrich, die Regierung [4]). Nigel hatte in diesem Jahre Gelegenheit, die Verschwörung [5]) seines Clerikers Randulf zu entdecken, die, wie es scheint, eine nationale Erhebung gegen die Fremden, wohl namentlich die verhassten Söldnerführer bezweckte; denn dass wirklich die Ermordung sämmtlicher Normannen und die Unterwerfung unter Schottland bezweckt gewesen sein soll, klingt gar zu unglaublich.

Rogers und seiner Familie Sturz.

Dennoch traute Stephan Rogers Familie von Anfang [6]) an nicht und ihre Neider raunten ihm geschäftig zu, jene

---

[1]) nunquam Stephani minister fuisset. Malm. 722.

[2]) Nach Malm. 729 möchte es scheinen, als sei schon vor der Katastrophe Rogers Macht gesunken, doch zeigt die Menge der Burgen und Schätze, wie hoch dieselbe bis zuletzt war. — Heinrich von Huntingdon, der Freund Alexanders von Lincoln, kann nicht geirrt haben, wenn er (Ausg. Savile, fol. 218) ihn justiciarius et secundus a rege nennt und ebenso Orderic XIII. 24; Gesta Steph. (Duch.) 943.

[3]) Facsimile der Freiheitscarte Stephans von 1136 in Statutes of the Realm I. 3 zeigt die Unterschriften der drei Bischöfe gleich hinter Winchester. Auch in Stephans Bestätigung für Cluny erscheinen die drei Bischöfe als Zeugen. Bibliotheca Cluniacensis 1399.

[4]) Nigel war schon lange Baro Scaccarii (gegen Monast. Angl. I. 462). Eine Urkunde von c. 1137, ib. IV. 120, hat „Episcopo Eliensi justiciario. vicec. etc.", ein Beweis für seine hohe Stellung.

[5]) Lappenberg l. c. 316 nach Orderic 5. 92. Der Name aus Diceto 508, dessen Chronologie in dieser frühen Zeit öfter verschoben ist. — Wahrscheinlich ist derselbe Radulf gemeint, dessen Flucht von Ely wegen „proditio patriae" S. 17 nach Hist. Eliens. (Angl. S.) p. 620 erwähnt ist. Es ist kein Gegenbeweis, dass diese die Flucht auf 1135 setzt, da ihrer Chronologie nirgends zu trauen ist.

[6]) Bentham l. c. p. 137 behauptet, Nigel habe von Anfang an,

warteten bloss auf Mathildens Landung [1]), um offen zu ihr
überzugehen — Gerüchte, die in der eifrigen Befestigung
mehrerer Burgen, in dem trotzigen Auftreten der Bischöfe
Nahrung fanden, und denen wir, in Anbetracht der späteren Vorgänge, schwerlich werden Glauben [2]) versagen können.
Alexander von Lincoln und Nigel von Ely besuchten
im April 1139 das lateranische Concil [3]): die enge Verbindung, in welche die mächtige Prälatenfamilie nun auch zu
Rom trat, schien ihr eine dem wankenden Thron um so
gefährlichere [4]) Stellung zu geben.

Es ist bekannt [5]), wie im Sommer 1139 Stephan die
Bischöfe von Salisbury und Lincoln gefangen nahm und sie
zwang, ihre Schätze und Burgen, auch die Veste Devizes,
in die sich Nigel allein noch eben hatte flüchten können,
auszuliefern.

Gramgebeugt durch den Sturz seines Hauses, starb Roger im December 1139, unbetrauert und ohnmächtig —
die Strafe seiner Falschheit übte der an ihm, um dessent-
willen er die Treue gebrochen. — Freilich auch an diesem

---

nur auf die Gelegenheit des Abfalls gewartet — das ist unbeweis-
bar. —

[1]) Gesta Steph. 943 am Gravirendsten, freilich mit der Absicht,
Stephan zu entschuldigen.

[2]) Stubbs, Constit. H. 320 lässt die Frage offen. Das Bezeichnendste
ist, dass Roger's Vertheidigungsrede bei Malmesbury den Vorwurf
der Treulosigkeit nicht abweist. — Der erste Aufständische, Rivers,
(Gesta Steph.) ist ein Genoss Nigels nach Hist. Eliens. 620.

[3]) Johannes Sarisberiensis ep. 56 (ed. Giles) sagt, dass Nigel
dort war. — Innocenz II. Privileg vom 28. April für Lincoln, Monast. Angl. 3. 269. — Alexander stand auf sehr gutem Fuss mit
Rom, namentlich mit Eugen III., wie er denn auch die Cistercienser
sehr begünstigt hat; vergl. Huntingdon 226. Monast. Angl. V. 404.

[4]) Ausdrücklich betont bei Malmesbury 722, 3.

[5]) Lappenberg l. c. 2. 328. — Der späte Wykes (Rolls ed.) in
Annal. monast. IV. 23 sagt: mit Nigel floh auch Adelelm nepos
Alexandri episcopi — ich habe ihn nicht weiter finden können. —
Der jüngere Roger ist natürlich des Bischofs von Salisbury, nicht
Nigels Sohn, wie Prévôt (Orderic ed.) 5. 403 meint, noch weniger
freilich Stephans Neffe, wie Gneist, Gesch. des engl. Verwaltungs-
rechts 231 sagt.

rächte sich die rasche That: er verfeindete sich die Kirche, und die Verwaltung stockte völlig.

Hatten die Bischöfe bisher die Fahne des offenen Aufruhrs noch nicht [1]) aufgepflanzt, so weigerte sich jetzt Nigel [2]) geradezu, Ely dem König zu übergeben. Befestigung und Geld liessen ihn hoffen, die Insel halten zu können, aber er ward verrathen von seinen eigenen Rittern und den Mönchen [3]) — die denn kurz darauf eine königliche Bestätigungsurkunde [4]) erhielten — und musste zu der Kaiserin nach Gloucester [5]) fliehen, während die Reste seiner Habe confiscirt wurden.

Vertrieben und verarmt [6]) rief er, im Vertrauen auf seine Beziehungen zu Rom [7]), die Hülfe des Papstes an. Einige Mönche von Ely erwirkten für ihn eine Bulle, die den englischen Bischöfen befahl, für seine Restitution zu sorgen. Indess erst im Februar (1141), nach der Gefangennahme des Königs, gelang es Nigel, mit Mathildens Hülfe sein Bisthum den Feinden zu entreissen. Eine bessere Zeit schien zu kommen, denn an ihrem [8]) Hofe nahm er ja eine bedeutende Stellung ein, und die Mönche, die inzwischen schwere Tage durchgemacht, waren gefügiger geworden.

---

[1]) Alexander blieb nach Auslieferung aller Burgen überhaupt neutral; noch am Morgen der Schlacht von Lincoln celebrirte er vor Stephan. Huntingd. 224.

[2]) Orderic XIII. 20. — Diceto c. 508: „Nigel expellitur a regno", vermuthlich eine Confusion der Romreise von 1139 mit der Vertreibung aus dem Bisthum 1140.

[3]) Deutlich so die Gesta Steph. 949. — Die Hist. Eliens. p. 621 weiss von Verrath Nichts, zeigt aber entschiedene Neigung zu Stephan.

[4]) Bentham p. 138; vergl. Lappenberg l. c. 335.

[5]) Florentius Wigorn Continuator (ed. Historical Society) p. 123. — Eine Urkunde Mathildens für Glastonbury hat Nigel als Zeugen, Mon. Angl. 1. 44.

[6]) Gesta Steph. 950; Hist. El. (Angl. Sacr.) p. 621; Huntingdon 223.

[7]) Foss, A Biographical Dictionary of the Judges of England, 1870. p. 482 erwähnt irrig „Nigels Suspension oder Vertreibung von seinem Bisthum für verschiedene Jahre".

[8]) Er geht mit ihr im März nach Winchester, Malm. 744; nach Cirencester, Florent. Contin. p. 130. — Zu Oxford am 23. Juli 1141

Das Glück war von kurzer Dauer: habgierige Freunde und die Nothwendigkeit, als Mathildens Glück schwankte, des Königs Gnade zu erkaufen, zwangen, den Kirchenschatz anzugreifen; denn aus der Münzfälschung eine Geldquelle zu machen, wie die Nachbaren thaten, stand dem Bischof, der einst als Schatzmeister dies Verbrechen streng zu ahnden hatte, nicht an [1]).

Mitten in diesen Wirren tritt der Verfasser unseres Dialogs, Richard Nigels Sohn, zum ersten Male auf: er musste für seinen Vater als Geissel zum König, ward jedoch bald nachher, wahrscheinlich durch nochmalige Zahlung aus der Kirchencasse [2]), befreit.

Vermuthlich auf Grund einer Klage seitens der Mönche und als Störer des Reichsfriedens ward Nigel von dem Legaten, Bischof Heinrich von Winchester, auf einem Concil zu London [3]) im März 1143 vor den päpstlichen Stuhl geladen. Heinrich handelte offenbar im Interesse seines Bruders, des Königs, und Nigel hielt es für sicherer, sich zu Mathilden [4]) zu begeben.

Vor Lucius II.[5]) verantwortete er sich alsdann, unterstützt durch Erzbischof Theobald's Fürbitte, der zur Partei der Kaiserin neigte, und machte Freundschaft mit einigen Kardinälen, namentlich Boso und dem späteren Hadrian IV. [6]).

---

machte Mathilde Milo zum Grafen von Hereford. Nigel und Alexander sind unterzeichnet, Rymer. Foedera. 1. 3. — Vergl. auch die Urkunde Mathildens bei Cooper, Public Records II. 440 von Oxford für die Canoniker von Osney.

[1]) Hist. El. p. 622 hier gewiss glaubwürdig. Ueber die Münzverschlechterung genaues bei Malm. 732.

[2]) Die Hist. El. l. c. verzeichnet die Beraubungen des Schatzes genau, doch ohne Daten. Richards erste Geisselstellung muss nach Stephans Befreiung und vor Nigels zweite Flucht fallen, also 1142—43.

[3]) Huntingdon 225a.

[4]) Hierüber die einzige Nachricht in Hist. El. 622.

[5]) Hist. El. p. 623. Dass Theobald und Heinrich Anfang 1144 in Rom waren, aus Huntingdon 225. Lucius war Heinrichs Freund.

[6]) Johann Sar. ep. 30 u. 31. Bei Nigels erster Anwesenheit in Rom war Nicolaus noch nicht dort.

Bei seiner Heimkehr fand er sein Bisthum wüst gelegt, musste abermals zu Ipswich des Königs Gnade theuer erkaufen [1]) und — was ihm schwerer fallen mochte als die Geldzahlung — Richard aus dem Kloster an den Hof senden, wohl im Spätjahr 1144 [2]).

In stetem Kampf mit seinen Mönchen, deren Prior übrigens zu ihm hielt, scheint er die nächste Zeit zurückgezogen zu Ely [3]) gelebt, dann aber seit etwa 1150 [4]) die Hofgunst wiedererlangt zu haben, wenn auch erst der Sieg des jungen Heinrich die Periode einleitet, in der er zur altverdienten, sein Sohn zur neuerworbenen Staatsanstellung stieg. —

Heinrichs II. Zeit.

Der junge König arbeitete sofort auf die Wiederherstellung [5]) der verfallenen Centralbehörde seines Grossvaters

---

[1]) Hist. El. p. 624. Der Kirchenraub ist zum Theil bereits gelegentlich der Stiftung der betreffenden Gegenstände im Anfange des Liber Eliensis erwähnt, z. B. p. 606, 610. — Vergl. Acta Sanctorum Juni IV. 571. Viele Urkunden, die im Cartular von Ely ungedruckt lagen, zu Benthams Zeit, sind dort nicht mehr vorhanden. (Nach freundlicher Mittheilung des Herrn Decan C. Merivale.)

[2]) Im August war Mandeville gestorben (Hunt. 225b), nach dessen Tode die Rückkehr erst stattfand.

[3]) Hist. El. 625—7. — Wohl aus dieser Zeit stammt das Billet Gilberts von Hereford (ep. 80) für einen Pfarrer im Sprengel Ely.

[4]) Stubbs (Bened. II. LXXXVII) setzt die Rückberufung erst durch Heinrich's Regierung an. Doch noch vor Heinrichs Ankunft zeugt er in mehreren Königsurkunden, s. Mon. Anglic. III. 88; ib. IV. 573; ib. 574. — Als Zeuge für Heinrichs Vertrag mit Stephan Rymer. 1. 5. Bei der Weihe Rogers von York zu Westminster Angl. Sacr. 1. 72 (kurz vor Stephans Tod) und bei der Krönung 1154 im December ist er anwesend. Robert de Monte (Pertz S. S. VI.) s. a. Für die Kosten der letzteren gingen mehrere Auszahlungsbreven aus dem Exchequer unter Nigels Namen; vergl. Pipe Rolls 2—4. Henry II. ed. Hunter.

[5]) „a . . . rege frequenter rogatus scaccarii scientiam pene prorsus abolitam reformavit", D. S. p. 199; vergl. Stubbs, Constitut. Hist. 450. Der Exchequer war unter Stephan nicht ganz verschwunden: „M. imperatrix baronibus de Scaccario" u. s. w., wahrscheinlich 1141 aus Cooper, On the public records II. 440. Nigel ist Zeuge. —

hin. — Unter den wenigen noch lebenden Geheimräthen desselben konnte er keinen geeigneteren dazu heranziehen, als dessen routinirten Schatzmeister [1]). Fortan erscheint denn auch Nigel häufig als Begleiter des Hofes [2]), wird aufs Reichste mit Schenkungen [3]) bedacht und nimmt von Anfang an am Exchequer eine der höchsten Stellungen ein [4]).

War so sein Verhältniss zum König gesichert, so hofften die Mönche von Ely um so mehr, ihre Kirchengüter restituirt zu erhalten. Da dies nicht vollständig erfolgte — zum Theil gewiss nicht - durch Nigels Schuld [5]) — brachten sie es 1156 [6]) dahin, dass er eine Zeit lang suspendirt wurde. Freunde [7]) und Geld bewirkten jedoch die Absolution, ohne dass der Grund der Klage beseitigt war. Noch Erzbischof Thomas [8]) fordert ihn daher vor, zum 4.

---

[1]) missis a latere tuo (Heinrich II. ist angeredet) discretis viris de eodem (scaccario) Eliensem conveneris D.S. 170. Von Heinrich I. stammte noch Gotfried de Clinton; vergl. Huntingdon 220a.

[2]) Nach Urkunden dieser Zeit: s. Monast. Angl. IV. 18, IV. 539, V. 150, VI. 446. Liber Custumar. (Riley) 1. 36.

[3]) Vergl. die 3 Pipe Rolls 2 - 4. Henry II. ed. Hunter. Gerade sie berechtigen uns, was der Dialog über Nigels Bedeutung sagt, für wahr zu halten.

[4]) Gegen Foss l. c.: Nigel war nicht thesaurarius, denn Pipe Roll p. 16 erscheint zweimal hinter seinem Namen ein andrer thesaurarius. Ein Will. thaurar. und Joh. thaur. erscheinen ganz vereinzelt; ib. p. 47 u. p. 26. Dass er nach dem Präsidenten der oder einer der höchsten Beamten war, ergibt der von ihm gewagte Widerspruch gegen diesen (D.S. 205) und der von ihm als Baro de Scaccario an den Sheriff von Gloucestershire erfolgte Befehl bei Madox 1. 209.

[5]) „laborat ad sanguinem super revocandis, quae bellica tempestas Ecclesiae extorserat", Joh. Sar. ep. XXI.

[6]) Näheres hierüber s. folg. Seite, Note 3.

[7]) Eine andere Beziehung zu Hadrian IV. erhellt aus Gilbert Folioth ep. 111, dass er nämlich ihn zusammen mit dem Bischof von Lincoln beauftragt hat, Roger von York zu lösen.

[8]) Es handelt sich hierbei auch um das Recht, die Sacristeistelle zu besetzen. — Beide Briefe, die Mahnung, wie die Vorladung in Hist. El. p. 628. Da beide von England datirt sein müssen, aber schon in 1164 Thomas' Fluchtversuche fallen, während andererseits vom Juni 1162 nicht gut bis zum August mehrere Mahnungen

August, wahrscheinlich 1163. Leider sind wir über sein Verhältniss zu Becket nicht unmittelbar unterrichtet.

Zu dessen Wahl[1]), die ja der König selbst empfahl, gab er, wie fast alle Suffragane, seine Zustimmung und wohnte auch der Weihe bei[2]).

Gewiss strebte Nigel viel zu sehr nach Macht, um nicht zu wünschen, dass die Privilegien, welche Thomas nach

---

gedacht werden können, wird das Jahr 1163 sein. Uebrigens scheint Nigel im Mai zum Concil von Tours gewesen zu sein, s. Diceto c. 535.

[1]) 23. Mai 1162 zu Westminster; nur Gilbert Folioth widersprach.

[2]) 3. Juni 1162 zu Canterbury, s. Herbert Bosham opera (ed. Giles) I. 33.

[3]) Im Anfange des Pontificats Hadrian's IV. klagten die Mönche zu Rom. Dieser droht am 22. Febr. 1156 Nigel mit Suspension, falls er nicht in 3 Monaten dem Versprechen, die Güter der Kirche zu restituïren, nachkomme, und benachrichtigt davon gleichzeitig die Mönche (Acta Sanctorum, Juni IV. 581). Die Suspension erfolgte wirklich, kann aber frühestens Ende 1156 in England bekannt geworden sein, denn 1156 erscheint Nigel noch in einem geistlichen Gericht unter Theobald's Vorsitz, Cartular Glocester (Rolls ed.) II. 53. Der König war damals abwesend, seine Hilfe aber zur Vertreibung der adlichen Besitzer nothwendig. Auf diese Entschuldigung hin, erhielt Nigel durch Bulle vom 17. März 1157 (Jaffe 704, aber nicht 1158, da von September 1157 bis August 1158 der König in England war) einen „Waffenstillstand" bis December 1157. Wirklich trat die Suspension dann nochmals ein. Da nahm Nigel die Verwendung des Johann von Salisbury in Anspruch und gab gleichzeitig 100 Mark für die Zwecke der Curie her. Hievon schreibt Johann ep. XXX an Hadrian IV. und gleichzeitig dasselbe einem ungenannten Freunde. Diesen ersucht er, Cardinal Boso, welchem Nigel 10 Mark sende, zu veranlassen, beim Papst auf dessen Absolution zu dringen (Ep. XXXI).

Ebenfalls baten die englischen Bischöfe und Heinrich II. 1158 für Nigel (Joh. Sar. ep. XIV und Hist. El. p. 628). Endlich im Januar 1159 ging die Bulle ab, welche die volle Lösung gewährte unter der Bedingung, dass Nigel vor Theobald von Canterbury schwöre, die Kirchengüter zu restituïren und durch Excommunicationsandrohung die adlichen Inhaber zur Herausgabe zwinge. (3 Briefe deshalb in Acta Sanctorum, Juni IV. 581; vergl. Hist. El. p. 628. Der Bote vom Papst in anderer Verbindung erwähnt bei Joh. Sar. Ep. 113.)

canonischem Rechte für den Clerus beanspruchte, errungen würden. Wie seine ganze Familie, so war wahrscheinlich auch er von hierarchischen Ideen [1]) angehaucht, und sein einstiger Sturz war ja gerade nur durch Missachtung der geistlichen Exemtion möglich gewesen. In diesem Sinne stand er zu Westminster am 1. October 1163 so gut wie die anderen Bischöfe [2]) auf Thomas' Seite und wollte das englische Gewohnheitsrecht nur mit der Clausel „vorbehaltlich der Rechte des geistlichen Standes und der Kirche" zu beobachten versprechen.

Allein die Erinnerung an die Wirren unter Stephan, eine langjährige Beamtenthätigkeit, persönliche Verpflichtung gegen den König machten ihm doch die Erhaltung der Staatshoheit nach dem Herkommen, das Thomas einfach ignorirte, wünschenswerth; der Clerus mochte lieber von der Fürstengunst Vortheile erschmeicheln, als durch offenen Kampf gegen den Staat Rechte ertrotzen [3]).

So wird es dem schlauen Arnulf [4]) von Lisieux nicht schwer geworden sein, auch Nigel zur Partei der dem Könige ergebenen Bischöfe zu ziehen; denn die Constitutionen von Clarendon tragen seinen Namen so gut als den des

---

[1]) So zeigt ihn sein Brief an Alexander III. von c. 1163 (im Spicilegium Liverianum p. 749) in guten Beziehungen zum Papst. Er bittet um Canonisation Edwards des Bekenners. — Johann von Salisbury schrieb Nigel einen heftigen Brief gegen die von diesem beabsichtigte Vererbung einer kirchlichen Stelle vom Vater auf den Sohn. Doch sowohl die hier erwähnte Anfrage Nigels bei Johann als Anm. 3 auf S. 25 weisen auf engere Beziehung zu diesem Vorkämpfer der strengen Hierarchie.

[2]) Es waren alle Bischöfe anwesend. Causa inter regem et archiepiscopum, Giles 2. 251; am Wenigsten fehlten die höfischen. — Nur Hilarius war bereit, die Formel fallen zu lassen, Reuter, Alexander III. 1. 565.

[3]) Dass er in dieser Zeit bei Hofe verkehrte, zeigen die Gesta Abbatum S. Albani I. 157—59: 1163 weiht er in Gegenwart des Königs das Chrisma zu S. Albans.

[4]) Reuter l. c. 1. 348. Sein Name erscheint hier in den Quellen nicht; der Text gibt nur Combination.

Thomas selbst [1]). Diesen schalt daher Gilbert [2]) von
London zwei Jahre später einen Verräther an den englischen Bischöfen, unter denen er Nigel ausdrücklich nennt.
Denn sie wären Alle gern bereit gewesen für die Kirche
einzustehen — eine Behauptung, die wohl nur ein Partei-
manoeuvre gegen den Erzbischof bedeutet.

Noch im selben Jahr 1164 hatte Nigel das Unglück,
durch einen Schlaganfall gelähmt zu werden; man beneidete
ihn darum, dass er so der üblen Lage entging, im October
den eigenen Metropolitan zu Northampton [3]) verurtheilen
zu müssen. Zuletzt erscheint er im folgenden Jahre [4]) als
königlicher Hofrichter — später führte er zu Ely ein zu-
rückgezogenes bussfertiges Leben und darf keineswegs zu
den Hofgeistlichen gezählt werden, die den König zu gewalt-
samen Massregeln gegen den Erzbischof stachelten [5]).

Andererseits hat er sicher den Bann gegen seine Amts-
collegen, den Thomas im Juni 1166 schleuderte, nicht ver-
kündigt. Als dieser im Mai 1169 den Bischof von London
und andere ebenfalls excommunicirte und die Verkündung
des Bannes in Ely befahl, verrieth der Ton dieses Briefes [6]),
wie bei dem Adressaten Ungehorsam vorausgesetzt wurde.

Nigel sollte das Schreiben nicht mehr lesen: er war am
30. Mai 1169 verschieden. Obwohl er auf dem Siechbette
die Mönche beschenkt [7]), auch früher ein Hospiz in Cam-

---

[1]) Causa etc., Giles 2. 257. — Bentham l. c. p. 189 verwechselt
Northampton, wo allerdings Nigel abwesend war, mit Clarendon.

[2]) Gilbert Folioth ep. 194; vergl. Reuter l. c. 1. 568.

[3]) Gervasius Dorobernensis (Twysden, Histor. Angl. Script. X.)
c. 1391. Die Historia Eliensis ist also um über ein Jahr in dem Datum der Krankheit des Bischofs falsch, l. c. 629.

[4]) 11. Henry II.; Madox, Formulare Anglicanum p. 19.

[5]) Wilhelm Fitz Stephen, Vita S. Thomae cap. De tentatione
diaboli.

[6]) Giles setzt den Brief irrig 1168 (S. Thomae ep. 122). Die
Verkündung zu London fand erst am 29. Mai 1169 statt (Reuter l.
c. 2. 428, 647).

[7]) Histor. El. p. 629. Bestätigung der Stiftung Denney noch
1169, s. Monast. Angl. 8. 1549.

bridge [1]) gestiftet hatte, verfolgte ihn ihr Hass als den Berauber des Schatzes der h. Etheldreth über das Grab hinaus: die jungfräuliche Königin [2]) musste Krankheit und Tod als Strafe dem Greise gesandt haben. Und später dichteten sie ihm zur Verhöhnung des Schatzmeisteramts ein Wappen [3]) mit Geldbeutel und Schrankschlüssel an. Noch weniger konnten sie die Zärtlichkeit des Vaters für seinen Bastard verstehen. Freilich wenn der Bischof sich bei der Jagd und Tafel mit lustigen Cumpanen vergnügte, die nicht zum kleinsten Theil seine Geldverlegenheiten verursachten, so hatten die Tadler von ihrem mönchischen Standpunkt Recht; sie haben ihn mehr leichtsinnig als habgierig dargestellt. — Das Schiefe in seiner Stellung lag darin: voll von frischem Lebensmuth [4]), geschicktem Weltverständniss, aber ohne jede clericale Ader, konnte der Nichtadliche nur dadurch seinem ehrgeizigen Streben freie Bahn schaffen, dass er in den geistlichen Stand trat. — Daher denn der grelle Widerspruch des Mönches gegen die Lobpreisung des Sohnes [5]), welcher auf Kosten der Wahrheit — auch den Kirchenmann in Nigel zu erheben, sich verpflichtet hält.

Mag immerhin der Bischof von Ely selbstsüchtig gewesen sein, wie seine an reinen Characteren überaus arme Umgebung — er hat das Ziel persönlichen Ehrgeizes zuletzt mit dem Fortschritt des Landes zu indentificiren gewusst: die Herstellung geordneter Staatsverwaltung ist zum Theil sein unsterbliches Verdienst.

---

[1]) Daraus ist später das heutige S. Johns College geworden. Vergl. Parker, Hist. Cantabrigensis p. 126; Godwin, De praesulibus anglicis I. 250; Nigels Carte für Thorney, Mon. Angl. II. 600. — Schenkung an eine Klausnerin, Madox II. 207c.

[2]) Miracula S. Etheldredae, Acta Sanctorum, Juni IV. 564.

[3]) Anglica Sacra 1. 618. — Die Frommen hatten einen leicht erklärlichen Hass gegen den Exchequer: floss doch in ihn ein guter Theil ihrer Einkünfte! S. weiter unten.

[4]) Gesta Stephani (Duch.) 943—44. Im Ganzen wird auf Nigel die Schilderung passen, die Henry v. Huntingdon von seinem Freunde Alexander von Lincoln, natürlich etwas parteilich, entwirft; fol. 226.

[5]) D. S. 199.

Und mit des Mannes Bedeutung mag unsere Ausführlichkeit [1]) entschuldigt sein: sie war nicht ganz zu vermeiden, denn Nigel war für Richard nicht bloss der Vater, sondern auch der Lehrer und Vorgesetzte im Amte, der Begründer seiner Stellung und Leiter auf der glatten Bahn des Hofdienstes.

2. Richard Fitz-Neal.

Jugendjahre.

Richard wurde etwa 1130 oder kurz vorher geboren, jedenfalls bevor der Vater als erwählter Bischof die höheren Weihen [2]) empfangen hatte (1133). Denn schon 1144 heisst er im Buche von Ely „Jüngling" [3]) und bekleidete bereits 1159 den Posten des königlichen Schatzmeisters. — Wäre er andererseits viel vor 1130 geboren, so würde er wohl seinen Grossoheim [4]) noch persönlich gekannt haben, der ja erst Ende 1139 starb, und hätte 1178 nicht gut sich „nondum canae memoriae" [5]) nennen und die Zeit Heinrichs I. stets als vor seiner Generation [6]) liegend betrachten können.

Den Namen Fitz-Neal [7]), den er heut bei den Antiquaren führt, rechtfertigt, so viel ich sehe, kein gleichzeitiges Document.

---

[1]) Vergl. des trefflichen Lappenbergs Wort in der Gesch. von England 2. 230.

[2]) Die Dispens Alexanders III. wird Richard als Bastard, nicht als Priestersohn, ertheilt. Die Hofcleriker empfingen in der Regel die Priesterweihe erst, wenn zum Bischof erwählt.

[3]) Historia El. p. 624.

[4]) Er sagt dagegen D. S. 194: „(Rogerius) de cujus stillicidiis nos quoque modicum id quod habemus per traditionem accepimus".

[5]) D. S. 237.

[6]) Perseveravit haec institutio (nämlich die Naturalabgabe) bis zu Heinrich I., adeo ut viderim ego ipse quosdam qui victualia statutis temporibus de fundis regiis ad curiam deferri viderint, D. S. 193. Stubbs (Bened. II. LXXXVII) bezieht das irrig auf Heinrich II.

[7]) Mit der ritterlichen Familie des Namens hat er natürlich Nichts zu thun; über sie s. Cartul. Glocest. II. 89, 161.

Die Mutter war wahrscheinlich eine Engländerin niederen Standes [1]), daher fühlte sich Richard zeitlebens als Engländer, wenn auch normannischer Abkunft, vielleicht lernte er durch sie englisch [2]): sein Bruder hiess Willelmus Anglicus.

Die Liebe zu den Wissenschaften erbte der Knabe von seinem Vater; lang schon glänzte in seiner Familie Alexander von Lincoln als freigiebiger Beschützer und Freund vieler Dichter und Gelehrten, u. A. des berühmten Historikers Heinrich, des Erzdiacons von Huntingdon [3]) und des noch weit mehr gelesenen Gotfrid von Monmouth [4]), des walliser Fabulisten. Und wie in Ely früher schon eine gute Bibliothek vorhanden war, die neben den nationalen Historikern — lang erhielt sich dort ein starker Gegensatz gegen die Eroberer — classische Dichter und Grammatiker aufwies, so sorgte Nigel für Anschaffung fernerer Bücher. Schon vor ihm hatte ein Mönch Thomas die Localheilige gefeiert, Andere hatten angelsächsische Legenden ins Lateinische übertragen [5]), Gregor hatte seine Insel in hüb-

---

[1]) Dass die Geburt unehelich war, ist nicht, wie Milman, Annals of the Cathedral of St. Pauls p. 36 meint, zweifelhaft. (s. oben.)

[2]) Darüber s. weiter unten. Im Jahre 1184 wird unter den Baronen des Exchequer gleich hinter Ricardus Decanus Lincolniensis et Regis thesaurarius und noch vor Hubert Walter ein Willelmus Anglicus frater Thesaurarii erwähnt, Madox I. 215. Dass dieser Richard's Bruder war, ist also zweifellos. Der Historiker von Ely kennt ihn nicht. — Der Beiname scheint doch auch anzudeuten, dass die Mutter Engländerin war; denn gewiss trug Wilhelm englische Sitte oder Sprache den Zunamen ein.

[3]) Die 8 Bücher englischer Geschichte von der Römer Ankunft bis 1144 sind Alexander 1145 gewidmet; vergl. Hardy II. 269 ff. — Ueber seine Freigebigkeit vergl. Galfrid, Hist. Briton. VII. Praef.

[4]) Dieser schrieb auf Alexanders Veranlassung „Merlins Prophezeihungen", die das 7. Buch der Historia Britonum bilden. Die Ausgabe des Roxburghe Club London 1830. 4. scheint in Deutschland nicht erhältlich zu sein; sie ist indess benutzt in Giles Ed. London 1844. 1. Bd. 8.

[5]) Liber Eliensis Buch 2. — Ausgabe der Anglia Christiana. — Hardy 1. 280 u. 2. 104.

schen lateinischen Hexametern [1]) zu rühmen gewusst, mehrere Brüder glänzten durch vollkommene Kenntniss des Französischen [2]) neben dem Latein und Englisch. Als Richards eigentlicher Lehrer wird aber Vilianus zu betrachten sein; nach der Schilderung des Historikers von Ely ein in Frankreich und London vielbesuchter Lehrer, der die sieben Künste und Theologie vortrug. In den Kriegswirren nahm er gern die Stelle an, welche ihm Nigel an der Domschule von Ely bot [3]). Bei ihm hat Richard wahrscheinlich Latein am Priscian [4]) und Isidor [5]) gelernt, Horaz [6]), Virgil [7]) und Ovid [8]) gelesen und selbst die Kunst, einen Hexameter zu schmieden [9]), erworben. Grammatik und Dialektik [10]) hat er nachweislich studirt: daher wird sich die etwaige Kenntniss des Aristoteles schreiben. Vom Plato spricht er zwar als allgemein verbreitet: gewiss

----

[1]) Beschreibung des Manuscripts und Proben, Hardy l. c. 1. 280, die an Dialogus p. 194 erinnern.

[2]) Histor. El. 1. 621 über die Mönche, welche für Nigel nach Rom gehen. s. S. 21. — Joh. Sar. Policr. VIII. 7 rühmt die Kenntniss dreier Sprachen sehr.

[3]) Acta S S. l. c. 566. Ueber damaliges englisches Studium vergl. Schaarschmidt, Johannes Saresberiensis p. 61 ff.

[4]) D. S. p. 239.

[5]) D. S. p. 206 u. Etymol. XVII. 2; vergl. weiter unten.

[6]) D. S. 170 letzte Zeile, 179 Z. 6, 184, 214, 235, 245.

[7]) D. S. 189, 203, 215. Clava Herculis p. 215 vielleicht aus Donats Vita Virgilii.

[8]) D. S. p. 217, 219.

[9]) Non tamen hoc hominis fuit immo Dei miserentis,
 Quod sibi, quod toti cum paucis restitit orbi. — D. S. 214 eine Probe davon!

[10]) „(Scaccarii scientia) corporis sensibus subjecta — nec est subtilium rerum descriptio. — Habent Aristotelem et libros Platonicos“. — Ueber die Dunkelheit der Philosophie seiner Zeit ib. D. S. 169. - Mystici intellectus flores p. 183. — „Legibus arismeticis“ p. 182. — Per aphaeresim . Nomen collectivum p. 187. — Per syncopen p. 206. — Per metaphoram p. 208. — Subdisjunctive p. 211. — Sententiae indefinitae non particularibus . . sed universalibus aequipollent p. 238. — Sophisticae p. 212. — Disposita ratio: ex quibus, qualiter, ad quid p. 210.

hat er höchstens die Timaeusübersetzung gehabt. Vielleicht kannte er auch den Seneca [1]). Justinians Institutionen, die er später stark benutzte, hat er wohl ebenso wie sein College Glanvilla, erst bei Hofe studirt. Und keinesfalls hatte man schon damals auf jener Klosterinsel die Digesten, von deren Kenntniss der Dialog einige Spuren zeigt, die indess einer Summa [2]) entstammen mögen.

Dass er etwa den Juristen Vacarius [3]) gehört, oder nach der damaligen Sitte seiner studirenden Landsleute [4]), in Frankreich gelernt habe, ist nirgends nachweisbar. Auch zeigt die Chronologie seiner Biographie keinen Raum für einen längeren Aufenthalt an einer Universität.

Früh musste ihm vielmehr die bittere Schule des Lebens die theoretische Bildung ersetzen. Als Knabe erlebte er den jähen Sturz des Vaters; dann umtoste Kriegsgetümmel sein Kloster; 1143 etwa musste er zuerst auf kurze Zeit, 1145 noch einmal, wir wissen nicht für wie lange, als Geissel [5]) an den Hof wandern. Wahrscheinlich ward er durch des vielgewandten Bischofs Fürsprecher und durch Geld aus dem Kirchenschatz, wie das erste, so auch das zweite Mal bald befreit; gewiss wenigstens als Nigel wieder die Hofgunst erlangte. Dass er dann nach Ely [6]) zurückkehrte, ist verbürgt. Doch erst Heinrichs II. Thronbesteigung bringt bessere Aussichten auch für ihn.

---

[1]) Elementarius senex, D.S. 171 weist darauf hin.

[2]) Ueber einige Formeln aus den Digesten im Dialog s. weiter unten. — Benedict von Peterborough hatte in seiner Bibliothek u. A. die Institutionen und eine Summa Placentini. Swapham ap. Sparke, Hist. Angl. S. S. varii p. 103.

[3]) Savigny, Gesch. des röm. Rechts im Mittelalter IV. 348 und Stölzel in Zeitschr. f. Rechtsgesch. Bd. 6. Ueber die Oxforder Schule vergl. Pauli, Tübinger Programm 1864 und T. Wykes (Annal. monastici IV. 21) ad a. 1133.

[4]) Scharschmidt l. c. p. 13.

[5]) Histor. El. p. 624.

[6]) Thesaurariam emit Ricardo apud monasterium in Ely educato magnae calliditatis et prudentiae juveni, Histor. El. p. 627.

Richard im Exchequer.

In den Pipe Rollen von 1155—1157 erscheint er zwar noch nicht, denn unter dem mehrfach erwähnten Ricardus [1]) ist der von Ilchéster gemeint. Aber schon damals hat er vermuthlich im Exchequer gearbeitet, wie es für die angehenden Beamten [2]) Brauch war, als Gehilfe der höheren Beisitzer, nicht mit directer Verantwortung an den König; denn zu der Schatzmeisterstelle, die ihm sein Vater für 400 £ [3]) wohl schon 1158 kaufte, muss er einige Vorübung gehabt haben.

Vierzig Jahre lang hat Richard sein Amt verwaltet [4]). Bis zu seines Vaters Krankheit hat er unter dessen Augen gearbeitet, und schon darum kann man [5]) ihn nicht von Anfang an Nigels Nachfolger nennen. Dazu kommt, dass dieser überhaupt nicht Schatzmeister unter Heinrich II. genannt wird, sondern offenbar in der höheren Stellung eines geheimen Finanzrathes [6]) häufig als der Begleiter des Hofes erscheint, während Richard in Königsurkunden in den ersten Jahren nicht vorkommt. Nur Ely'sche Documente [7]) seines Vaters zeigen, dass er den Titel Thesaurarius [8]) schon vor 1160 geführt hat.

---

[1]) Vergl. auch Stubbs, Const. H. 468.

[2]) „Tempora promotionis dum paulo inferior in regis curia militaret", D. S. 184. Vielleicht war er Clericus qui praeest scriptorio (ib.), dessen Amt er als so mühevoll beschreibt, quod norunt hii qui haec ipsa rerum experientia didicerunt.

[3]) Histor. Eliens. 627. Das Schildgeld für den Toulouser Feldzug, zu dem Heinrich II. Geld brauchte, weshalb er die Stelle verkauft haben soll, ist erst Anfangs 1159 erhoben worden; doch wird Nigel den Vertrag vor des Königs Abreise (August 1158) gemacht haben.

[4]) Madox l. c. II. 312 führt unter den Barones Scaccarii nach Urkunden·den Ricardus Thesaurarius an unter: a. 11, c. a. 16, a. 26, a. 29, 30, 31 Henry II. u. a. 1, 4, 6, 7 Richard I.

[5]) Gegen Stubbs, Bened. Ed. 1. LXXXVII.

[6]) Vergl. D. S. 170.

[7]) Bentham l. c. p. 272.

[8]) Giraldus Cambrensis, Vita Galfridi I. 1 nennt ihn ungenau Cancellarius Eliensis — Richard war nie Kanzler. — Die Anna-

Sein Posten war vielleicht der arbeitreichste [1]) am Exchequer. — Während er in dem unteren Zahlungsbüreau seinen Cleriker die für Baareinzahlung ausgegebenen Kerbholzquittungen registriren und auf die Geldbehälter das „wie viel, von wem, wofür?" notiren liess [2]), besorgte er selbst mit den Kämmerern gemeinsam den Verschluss der Cassenschränke, resp. deren Oeffnung zur Auszahlung, und nahm im oberen (Rechnungs-) Büreau [3]) die Abrechnung der Fiscusdebitoren entgegen. Er dictirte die Buchung [4]) in die magni rotuli annales (Pipe Rolls), welche sämmtlich noch vorhanden sind. Von ihnen ist nur die Rolle von 1189 [5]) gedruckt, und ihre bewundernswerthe Sauberkeit und Genauigkeit sind jedenfalls das Verdienst unseres Richards. Die Form der Buchführung hat freilich unter ihm keinen wesentlichen Fortschritt [6]) gemacht, sondern ist noch ebenso schwerfällig und unübersichtlich, wie 1157. Doch liegt darin kein Vorwurf für den Buchhalter: einmal waren die Rollen ja staatsgerichtliche Actenstücke, fähig, Präjudiz zu geben, und schon darum musste jeder Wechsel der Form vermieden werden; dann war diese leicht verständlich und durch routinirte Beamte am Rechentisch unglaublich schnell ausführbar. So hat sie das ganze Mittelalter hindurch ge-

len von Winchester (Rolls edition) s. a. 1198 nicht technisch „apotecarius Regis".

[1]) D. S. 189: (Clerico cancellarii) est labor post thesaurarium maximus. Vergl. aus späterer Zeit Fleta II. 25: „Scaccarium . . . cujus loci capitalis est Thesaurarius: ipse namque principaliter oneratur de omnibus loca saccariorum tangentibus. Der Schatzmeister ist gleichsam der Erbe des Capitalis Justiciarius geworden.

[2]) D. S. 173.

[3]) ib. p. 178, 179, 180, 185, 186, 220.

[4]) Der Schatzmeister ist nicht bloss für die gebuchten Baareingänge (In thesauro), sondern für die ganze Buchung verantwortlich, D. S. p. 172 Z. 8 v. o.; für das „Baar" aber ist er allein verantwortlich. ib. 179 u. p. 216.

[5]) ed. Hunter 1844.

[6]) Der Dialog selbst ist viel zu conservativ, um eine Aenderung nach dem System der goldenen Zeit Heinrichs I. zuzugeben; vergl. Stubbs, Const. Hist. 597.

nügt: wesentlich ungeändert erscheint sie noch in den (von späteren allein gedruckten) normannischen Rollen Heinrichs V.

⁊ Die Thätigkeit der Barones Scaccarii — so heissen die unmittelbar unter dem König, resp. seinem Vertreter, dem Capitalis Justitiarius arbeitenden Beisitzer des oberen Exchequer — ist nicht auf Westminster beschränkt. Häufig haben sie Reisen in die Grafschaften zu machen zur Steuerfestsetzung (assisam facere) ¹) in den Domänen und zur Auferlegung von Bussen oder zur Controlle der Localverwaltung und zur Rechtsprechung : überhaupt ist ihr Geschäftskreis damals noch nicht genau abgegrenzt.

⁊ Speciell das Amt des Thesaurarius, unter dem Eroberer subaltern ²), verschmilzt unter Wilhelm II. mit dem des Justitiarius. Unter Heinrich I. noch an die Kämmerei geknüpft, wird es dann unter Stephan von einem mächtigen Bischof erworben, aber wahrscheinlich noch gemischt mit höheren Befugnissen. Durch die Verschleuderung der Krongüter sinkt des Exchequer und damit des Schatzmeisters Bedeutung, so dass zwei sonst unbekannte Männer ³) 1155 als Thesaurarii auftauchen. Der enorm hohe ⁴) Preis, für den Richard das Amt erwirbt, beweist erstens, wie einträg-

---

¹) Zu diesem Zweck ist Richard 1173 in Oxfordshire (Urkundencitat Madox 1. 701).

²) Der Thesaurarius Henricus Domesdaybook 1. 49 ist sonst unbekannt; er hat nur 190 sol. jährl. Rente, soviel wie eben andere Hofbediente auch. — Unter Heinrich I. zettelte ein cubicularius, der die thesauri custodia und eine hohe Stellung im Staatsrath hatte, eine Verschwörung gegen den König an. Will. Malmesbur., Gesta Regum § 411 und Sugerii V., Ludov. Grossi (ed. Bouquet XII. 44). Letzterer nennt ihn Heinrich. Ueber Nigel s. oben S. 19. — Galfridus de Clinton heisst unter Heinrich I. Thesaurarius et camerarius, unter Heinrich II. Camerarius (Madox I. 58 und Index). Noch in D. S. p. 172 sind der Schatzmeister und die Kämmerer collectiv verantwortlich.

³) S. p. 24. Sie etwa als Vertreter des eigentlichen Schatzmeisters anzusehen — wie mit Camerarii ja nur die Beamten der Kämmerei gemeint sind — geht nicht an. D. S. weiss davon Nichts; der Thesaurarius war keineswegs ein Titularbeamter, wie der Kämmerer.

⁴) £ 400 (etwa 40000 Thlr. heut.), Hist. El. p. 627.

3*

lich, und zweitens, dass es an sich kein Subalternposten war. Die Höhe des jährlichen Einkommens können wir nicht fixiren; gewiss aber waren die 20 Pfund, die er 1193 und später sein Nachfolger erhielt, nur ein Theil desselben [1]. Er wird zu den Geheimberathungen über die Finanzen hinzugezogen und vertritt sogar in kleinen Angelegenheiten niederen Beamten gegenüber den präsidirenden Capitalis justiciarius [2] — dennoch gibt es, ganz abgesehen von diesem letzteren, entschieden politisch [3] wichtigere und dem Ehrenrang nach höhere Posten am Exchequer: die ersteren meist eingenommen von geistlichen Räthen der Krone ohne Amtstitel, die letzteren von weltlichen Baronen mit Hofchargen.

Unter ihnen sind die Räthe bei Legislation und Gericht des Königs, die steten Begleiter des Hofes, endlich die Diplomaten. Zu den letzteren hat Richard nie, zum englischen Hofstaat im engsten Sinne erst unter dem folgenden [4] Herrscher gehört.

Richard als Richter.

Was seine richterliche Thätigkeit angeht, so sind ja in anglo-normannischer Zeit, wo das Recht wesentlich als Sportelquelle gehandhabt wird, die Fiscalbeamten (Barones scaccarii) unter dem Namen Justiciarii sämmtlich auch Richter in der Curia Regis. Doch liegt es in der Na-

---

[1] Madox II. 41.

[2] D. S. 190 f., 217.

[3] Dass seine specielle Befugniss, das Abrechnen, an Schwierigkeit dem verwickelten Fiscal-Recht und -Process weit nachsteht, sagt er selbst, D. S. 177. — Richard von Winchester controllirt ihn, D. S. 185. — In directe Berührung kommt der Schatzmeister mit dem König nur, wenn es sich handelt, verlorene Schuldposten nicht ferner vorzutragen, D. S. 240.

[4] Bei Urkunden Heinrichs II. ist Richard nur dann Zeuge, wenn dieselben von Westminster oder Winchester datirt, d. h. im Schatzbüreau aufgesetzt sind: Monast. Anglic. I. 485; V. 625; VI. 54; 446; aus Winchester im December 1181 oder Januar 1182 ist Mon. Angl. V. 588.

tur der Sache, dass die besten Finanzmänner im Exchequer, die besten Juristen in der Curia verwandt werden, wenn auch freilich die Geschäftskreise beider Behörden noch vielfach die gleichen sind. Der Dialog zeigt einen bei Weitem nicht so juristisch gebildeten Verfasser, als der von dessen Collegen geschriebene Tractatus de legibus Angliae. Daher mag es kommen, dass uns Richard so selten in richterlichen Geschäften begegnet: er wird weder im Becketschen Streit erwähnt noch in einer ganzen Reihe von Reisecommissionen [1]), noch in jenem stehenden Richtercollegium, das als Keim der Königsbank gelten darf.

Nur einmal war er unter Heinrich II. Reiserichter: im Jahre 1179 hielt er in den südwestlichen Grafschaften Gericht — zwar als Führer eines Theils der Commission; aber der Leiter des ganzen Circuitus war Richard von Winchester [2]). — Unter dem folgenden Herrscher machte er in Essex jenes Iter von 1194 mit, welches für die Geschichte der Jury und des Repräsentationssystems und durch die Einführung der Coroners so wichtig geworden ist [3]).

Um so häufiger erscheint Richard in fiscalischen Geschäften: Unter den Justiciae der Curia Regis und den Barones scaccarii, vor denen gegen Gebühr Vergleiche zwischen Civilpersonen in die amtlichen Rollen eingetragen werden (finales concordiae, fines) [4]), erscheint Keiner so häufig als Richard. Während des Aufstandes von 1173/74 erwies er dem König einen wesentlichen Dienst, indem er dessen Sohn Gotfried, der damals für Lincoln zum Bischof

---

[1]) Madox 1. 123 ff. hat genügend viel citirt, um den, der die Originale nicht gesehen, gegen die Tücke des Zufalls zu sichern.

[2]) Benedict. I. 238. — Bei Madox 1. 139g, h, k, n Citate aus der Rolle von 1180.

[3]) Dass Richard dabei thätig: Madox II. 20. Ueber die Instructionen s. Hoveden (ed. Stubbs) III. 262: vergl. Stubbs, Const. H. 505; Brunner l. c. 221.

[4]) Unter den von 1182—90 erhaltenen 5 Originalen ist er der Einzige, der kein Mal fehlt. Ebenso erscheint er in sämmtlichen, aus Richards I. Zeit erhaltenen fines bis October 1196; dann noch drei Mal 1197. — Aus „Fines, sive Pedes Finum, in Curia Regis", ed. Hunter 1835—44.

erwählt war, rieth, in seiner Diöcese Geld für den Vater aufzunehmen [1]).

Vielleicht dürfen wir ihm vereinzelt eine Thätigket auch auf dem Continent zuschreiben: 1176 war er dort mit königlichen Aufträgen [2]). Gerade damals reorganisirte Richard von Winchester den normannischen Exchequer; möglicher Weise war, wie auch sonst, unser Autor ihm hierzu beigegeben.

Richards kirchliche Laufbahn.

Neben dieser staatlichen Laufbahn geht bei Richard — wie den meisten damaligen Staatsbeamten — eine kirchliche her : der Weg über den Archidiaconat zum Bisthum.

Erstere Würde [3]) erlangte er etwa 1160 von seinem Vater und bei dessen Krankheit übernahm er thatsächlich die Verwaltung des Bisthums Ely. Daher enthält jener oben erwähnte, auf päpstliche Autorität sich stützende Brief [4]) des h. Thomas eine drohende Nachschrift an Richard, er solle die Excommunication der königlichen Parteigänger in Ely verkünden, falls der Bischof durch Krankheit verhindert sei. — Einige Bischöfe haben damals den Bann wirklich publicirt; Richard, den jener Befehl nach Nigels Tode traf, hat es schwerlich gethan. Der Trotz gegen das königliche Verbot hätte die Ungnade, die Massregel, die zum Theil seine langjährigen Collegen und Freunde traf, den gesellschaftlichen Bruch [5]) mit diesen zur Folge gehabt : zu Beidem ist es nicht gekommen.

Sein Archidiaconat lieferte zu dem Zwist zwischen Welt-

---

[1]) Girald Cambrensis, Vita Galfridi I. 1.

[2]) Mag. Rot. 21, H. II. bei Madox l. c. 1. 367 . . . . equos regis apud Wintoniam, quos Thesaurarius duxit secum de Ultra Mare.

[3]) Nach Bentham l. c. p. 272. Sein Vorgänger war der Neffe des vorigen Bischofs gewesen.

[4]) Epp. S. Thomae (Giles) ep. 122.

[5]) Herbert Bosham, Freund des h. Thomas, in dessen Vita L. IV. c. 23: „Quotquot in aula erant, aut nominative excommunicati aut saltem denominative excommunicatorum participio quos evitare nec poterant nec licebat".

und Klostergeistlichkeit seinen Beitrag: persönlich waren ihm die Mönche feind, weil nach ihrer Meinung seinetwegen Nigel viel Kirchengut verausgabt hatte — während der amtliche Streit zwichen Archidiacon und Convent über die Gerichtsbarkeit vor Richards Zeit begann und zweihundert Jahr nachher dauerte [1]). — Als er dann nach Nigels Tode (1169) an den Hof in der Normandie ging, soll er die Mönche beim König verleumdet haben, um die Absetzung des Priors zu bewirken. Erfolgt ist diese nicht [2]); wäre übrigens auch die Anklage begründet gewesen, die Mönche hätten es doch nicht gesagt. Viel wahrscheinlicher war sein hauptsächlicher Reisezweck der, an der Pacht der Einkünfte des Bisthums [3]), die, wie gewöhnlich, während mehrjähriger Vacanz in den Fiscus flossen, einen einträglichen Antheil [4]) zu erhalten und auf Streichung der vom Vater hinterlassenen Schulden [5]) beim König anzutragen.

In dem Ceremonienstreit, wer den erwählten Bischof zur Weihe zu präsentiren habe, musste er freilich dem Prior nachgeben [6]), hatte jedoch die Genugthuung, dass jener, vom Exchequer her sein College, die Mönche besonders schlecht behandelte [7]).

Das an den Archidiaconus von Ely gerichtete päpstliche Verbot [8]), keine Seelsorger ohne bischöfliche Ermäch-

---

[1]) Bentham, l. c. p. 272.

[2]) Salomon war Prior 1163 und blieb es bis 1177, ib. p. 217.

[3]) Thomas klagt Humbald von Ostia (ep. 47): „(Rex) Eliensem episcopatum redegit in usus proprios".

[4]) Wenigstens 1171 war Richard Pächter: Pipe-Rollencitat bei Madox l. c. 308g.

[5]) Sie ist in Pipe Roll 15. u. 16. Henry II. erfolgt; bei Madox l. c. 2. 337 f.

[6]) Die Bischöfe entschieden, der Prior habe dieselben Rechte wie der Decan an den Weltgeistlichen-Cathedralen.

[7]) Gervas l. c. 1549. — Ricardus thesaurarius Zeuge der Urkunde Heinrichs II. über den Vertrag zwischen Templern und Bischof Gotfried von Ely, Monast. Anglic. I. 485.

[8]) Mansi, Concil. XXII. 364 und XXI. 1089 zwischen a. 1174 (wo Gotfried Bischof von Ely ward) und a. 1181 (Tod Alexanders III. abgefasst.

tigung anzustellen, ist mehr gegen sein Amt als gegen seine
Person gerichtet : das beweisen die ähnlichen Briefe an
Archidiaconen anderer Kirchen und die ungefähr gleichzeitigen ehrenden Aufträge Alexanders III. an Richard, ge-
wisse kleine Streitigkeiten als Schiedsrichter [1]) zu schlich-
ten. Ganz besonders aber setzt eine Bulle für ihn einen
grossen Einfluss an der Curie voraus, wie er freilich damals
durch blosse Geldzahlung zu erlangen war : In Anbetracht
seiner wissenschaftlichen Bildung und seines sittlichen Characters ertheilt sie ihm Dispens [2]) wegen seiner unehelichen
Geburt und erlaubt die Annahme jeder Würde oder Pfründe,
zu der ihn eine Kirche berufen würde.

Damit war der Weg zum Bisthum offen, und der König war ja gewohnt, von der canonischen Wahl nur die
Form wahrend, ein solches seinen treuen Beamten zu ver-
leihen. Diese pflegten die Priesterweihe möglichst spät zu
empfangen; desto eifriger erjagten sie fette Pfründen.

So war auch Richard schon lange Archidiacon von Ely
und Domherr von London und wurde spätestens 1184 [3])
Decan von Lincoln. Als dieses Bisthum vacant ward [4]),
schlug das Capitel am 25. Mai 1186 ihn und noch zwei
Domherren von Lincoln, die ebenfalls königliche Räthe waren, dem Könige vor. Dieser aber äusserte, er wolle fortan
keine weltlichen Rücksichten walten lassen und die drei [5])

---

[1]) Mansi, Concil XXII. p. 359, 402; das Datum ist nicht ersichtlich.

[2]) Wortlaut bei Diceto c. 651 erst zum Jahre 1189, wo Richard
Bischof ward — vermuthlich aus Alexanders letzten Jahren.

[3]) Dass er 1184 schon Decan war, beweist das Urkundencitat,
Madox 1. 215.

[4]) Der Bericht über die Wahl am klarsten, sachlichsten bei Ben-
dict I. 346, den Hoveden II. 308 nur kürzt. Gervas c. 1480 gibt nur
das Factum. Diceto c. 631 musste mehr wissen und schwieg vielleicht mit Rücksicht auf seinen Bischof (Richard). Die Vita Hugonis,
von einem Freund des Heiligen, ist für diesen natürlich panegyrisch
und gegen die Hofgeistlichkeit parteilich, aber gut unterrichtet
(Rolls Edition B. 3. c. 1).

[5]) Zahl und Namen nur bei Bened. — Das Datum genau allein
bei Diceto; die anderen ähnlich. — Nach der Vita Hug. war das

seien ja reich [1]) genug — wenigstens das erste in seinem
Munde eine scheinheilige Phrase; denn jene waren Männer
von Bildung [2]) und Sittlichkeit [3]). Er „empfahl" vielmehr
den strengen Karthäuserprior Hugo, dessen Heiligkeit ihm
imponirt [4]) hatte. Das Capitel, aus Hofgeistlichen zusam-
mengesetzt, sträubte sich lange [5]) gegen den Mönch, „wählte"
ihn aber schliesslich einstimmig. — Wahrscheinlich hat
Heinrich so die Mönche mit ihrem grossen moralischen
Einfluss im Volke an sich fesseln wollen : denn nach Laune
oder frommem [6]) Rath pflegte er nicht so bedeutende Baronien zu vergeben. Dass er jene drei ausgeschlagen habe
in Erinnerung an die traurige [7]) Erfahrung, die er mit Thomas gemacht, erscheint kaum glaublich : der für Lincoln
verworfene Herbert le Poor erhielt ja kurz nachher Salisbury.

Richard konnte schwerlich zum h. Hugo in ein gutes
Verhältniss kommen (forderte doch der eifrige Bischof, seine
Domherren sollten zu Lincoln wohnen, und suchte er doch
überhaupt das Capitel von Hofgeistlichen zu säubern [8])) ;
darum gehörte er aber nicht zu den Feinden der strengen
Mönchspartei. — Seine vermittelnde Gesinnung erhellt daraus, dass er in dem vielfältig und ausführlich berichteten
Streite der Mönche von Canterbury mit ihrem Erzbischofe
die Stellung eines Schiedsrichters einnahm; und ein Brief
eines Klostergeistlichen vom September 1188 [9]) sagt: „Vom
Decan von Lincoln, der ja allen zu gefallen strebt, muss
man annehmen, dass er sich eifrig bemühen wird, den

Capitel uneins, da mehrere nach dem Bisthum verlangten. Daher
wohl die Vorschlagung Mehrerer.
[1]) Bened. ib.
[2]) Bened. und Vita Hug.
[3]) Ausdrücklich Bened. und die Vita Hug., die doch das Capitel
verwoltlicht erscheinen lassen will, sagt nichts Gegentheiliges.
[4]) S. Dimocks Vorrede zur Rolls Edit. der Vita.
[5]) Bened., Vita Hug., Diceto.
[6]) Vita Hugonis sagt: „auf Reginald's von Bath Rath".
[7]) So will Stubbs, Epistolae Cantuarienses.(Rolls Edit.) LXXX.
[8]) Vita Hugonis (ed. Dimock) p. 131.
[9]) Epp. Cantuar. p. 259.

Wunsch der Regierung zu erfüllen". Im königlichen [1]) Auftrag fungirte er auch in den beiden nächsten Jahren als Schiedsrichter in diesem Streite.

Richards Verhältniss zu König Richard I.

Mit der Thronbesteigung des Richard Löwenherz beginnt eine neue Epoche in unseres Richards Leben.

Von den treuen Räthen des Vaters fanden nicht alle [2]) vor dem jungen Herrscher Gnade, der kurz zuvor gegen ihn in Waffen gestanden hatte : doch unser Autor mit der besonnenen Lebensklugheit, die den Mönchen von Ely schon an dem noch nicht bei Hofe und im Staats-Amt geschulten Jüngling [3]) auffiel, behauptete sich nicht nur in seiner Stellung, sondern stieg durch das endlich erlangte Bisthum zu weit grösserer Macht empor. Vielleicht hatte die Höhe der theilweis doch durch seine Arbeit zusammengebrachten [4]) Summe, die Richard I. im Schatz des Vaters vorfand, ihm die Gunst des Königs gesichert; er scheint nicht einmal zu einer bedeutenden Geldzahlung [5]) an ihn gezwungen worden zu sein.

Am 15. September 1189 [6]), auf dem Concil zu Pipewell,

---

[1]) Am 3. Febr. 1189 schreibt Heinrich II. von Le Mans aus dem Convente, er ordne als Vermittler Glanvilla, die Bischöfe von Ely und Rochester und den Decan von Lincoln ab. Gervas c. 1539. — Ende 1189 Briefe des Convents. Er habe den König zum Schiedsmann gewählt und dieser die Vermittelung mehreren Prälaten, darunter Richard von London, übertragen. Ep. Cantuar. 317. Gervas 1555.

[2]) Betreffs des Verhältnisses von Richard Löwenherz zur Politik seines Vaters braucht hier nur auf Stubbs' vorzügliche Vorreden in Chronicles and Memorials of the reign of Richard I. und in Hoveden III. hingewiesen zu werden.

[3]) Histor. Eliensis p. 627.

[4]) Benedict II. 77: nongenta millia librarum — wahrscheinlich verderbt; die Summe erscheint zu hoch. Andererseits ist Hovedens III. 8 centum millia marcarum ganz sicher zu niedrig.

[5]) Selbst der Günstling zahlte 3000 Mark für die Kanzlei, Ricardus Divisiensis monachus (ed. English Historical Society) p. 9.

[6]) Milman, Annals of the Cathedral of S. Pauls, behauptet,

wählte das Capitel von London unseren Richard, wie ein strenger Mönch sagt: „einen Mann von nicht geringer Tugend und ungemeinem Ruhme in ziemlich canonischer Weise" [1]). Der anwesende König gab den Consens, und zu Lambeth fand am 31. December die Weihe [2]) durch Erzbischof Balduin, der übrigens lieber einen andern befördert hätte [3]), und am selben Tage [4]) die Inthronisation zu S. Pauls [5]) vor 12 Bischöfen statt.

In den Urkunden verschwindet bei Richards Namen fortan gewöhnlich [6]) der Titel „Schatzmeister" vor dem höheren „Bischof von London". Factisch hat er sich nicht gescheut [7]), wie der populäre Sittenschilderer Nigel spottet, statt am Tische des Herrn an der Tafel des Exchequer, die Pipe Rolle statt des Evangeliums zu lesen, während er doch, weiser als andere Bischöfe, sich hütete, ein Sheriffamt zu übernehmen.

Unter einem König, der dem Lande unerhörte Summen

---

noch Heinrich II. habe Richard zum Bischof designirt. Der Decan, Radulf de Diceto, der 14 Wochen 1189 in Frankreich wegen der Wahl weilte (c. 519, 520, 644, 648, Pipe Roll a. 1189. p. 12), sagt Nichts davon. Die Aeusserungen Benedicts (II. 85) und des Itinerarium Ricardi I. (ed. Stubbs p. 145) sind ebenfalls dagegen.

[1]) Devizes l. c. p. 9. Dieser Mönch steht auf Seiten des Wilhelm Longchamp — daher vielleicht das Lob.

[2]) Dass Richard jetzt erst Priester ward, beweist Petrus Blesensis ep. 151.

[3]) So Ricard. Divis ohne Angabe des Grundes.

[4]) Gervasius c. 1564. Diceto c. 1652. — Hoveden III. 23 fügt Benedicts (II. 96) richtiger Nachricht über die Weihe anderer Bischöfe im October irrig die Weihe Richards bei.

[5]) Richard ist der dritte seines Namens auf dem Stuhl von London.

[6]) Jedoch 4. Richard I. heisst er Thesaurarius Ep. London, bei Madox II. 41.

[7]) Anglo-Latin Satirical Poets ed. Wright (Rolls Seria) I. 203. — Wie der heilige Hugo von Lincoln den Sitz am Exchequer verabscheute, erzählt eine hübsche Anekdote Vita Hug. l. c. p. 279; und dem verhassten Peter des Roches warf um 1208 ein Schmählied die Theilnahme am Exchequer auf das Heftigste vor; Wright, Polit. songs (Camden Soc.) p. 10.

für fremde Zwecke entzog, gewiss in doppelt wichtiger und
doppelt schwieriger Stellung, hat auch er dazu beigetragen,
dass die Zeitgenossen vom Statthalter rühmten, er habe
verstanden, das Volk den Steuerdruck möglichst wenig fühlen zu lassen.

Seine höhere politische Stellung, veranschaulicht durch
Königsurkunden, die ihn auch ausserhalb Westminsters
als Begleiter [1]) Richards I. zeigen, tritt noch mehr nach
dessen Abreise hervor, als sich sofort Parteiungen [2]) zwischen den Machthabern bilden. . .

Parteikämpfe von 1190—1194.

Zum Parteiführer ist Richard von London auch jetzt
nicht geworden : er folgt den Männern, die um jeden Preis
die Staatsordnung erhalten möchten und, in Furcht, zur
Rebellion zu reizen, vor jeder energischen Massregel gegen
einen übermächtigen Unterthanen zurückscheuen. Die Ordnung über alles zu lieben, entsprach Richards Character und
Vergangenheit, seiner Stellung als Geistlicher und Beamter
— wahrscheinlich auch dem Besten, was für einen Staat zu
thun war, dessen Oberhaupt alle seine Hoheitsrechte für
Geld feil bot.

An der Spitze der vom König im November 1189 eingesetzten Regierung standen Hugo Puiset, Bischof von
Durham, ein intriguanter Greis von hohem Adel, der mehrfach bereits nach einer grösseren Unabhängigkeit gestrebt
hatte, als Heinrich II. einem Unterthanen erlaubte, und
Wilhelm von Longchamp, Bischof von Ely, ein Frem-

---

[1]) Solcher sind im Monast. Anglicanum folgende :
Am 7. u. 9. October von Westminster aus (IV. 393 resp. 120).
„ 14. Octbr. von Arundel aus (VII. 881, wohl Druckfehler „24. Octbr.“).
„ 17. „ „ Winchester aus (IV. 364).
„ 15. November von Westminster aus (V. 410).

[2]) Natürlich berühren wir die verwickelte, nur als Vorspiel
späterer Kämpfe bedeutende Geschichte der nächsten Jahre hier nur
kurz, soweit sie auf Richard Licht wirft. — Eine schöne Darstellung
gibt Palgrave, Vorrede zu Rotuli Curiae Regis I. S. auch Stubbs,
Vorrede zu Hoved. III.; Pauli III. 238 ff.

der, der von niederem Stande durch treue Dienste zu Richards Kanzler empor gestiegen war. Wenige Tage nach Richards Abreise beanspruchte Hugo einen Sitz am Exchequer[1]); die Beamten, meist seine Feinde schon während der vorigen Regierung, räumten ihm keinen ein. Hierauf bestimmte der König im März 1190 von der Normandie aus, der Humber[2]) solle Hugo's Machtsphäre begrenzen, während Wilhelm Justiciar ward und bald auch die päpstliche Legation erhielt. Hugo sah sich nochmals am Exchequer abgewiesen, ward von Wilhelm gefangen genommen und aller Macht beraubt[3]).

Nur weil die Beamten auf seiner Seite gestanden, hatte der Kanzler so viel wagen dürfen. Jetzt an der Spitze der Regierung, war er thöricht genug, sie durch Nichtbeachtung zu kränken, seine Familie ungebührlich zu bereichern, durch Geringschätzung alles Englischen das Volk, durch lästige Visitation die geistlichen Stifter, durch Hochmuth die Grossen gegen sich aufzubringen[4]). Am 13. October 1190 hielt er noch ein glänzendes Concil zu Westminster, wobei Richard von London zu seiner Rechten sass[5]). Aber schon damals ward manche Klage über ihn beim Könige in Messina laut.

Den unzufriedenen Elementen bot sich als Mittelpunkt Johann, des Königs Bruder dar, der im Jahre zuvor von dem Vater schändlich abgefallen, von König Richard mit dem Westen Englands beschenkt, zugleich aber verpflichtet worden war, die Insel drei Jahre lang zu meiden. Er liess sich dieses Eides entbinden, warb durch Geschenke Freunde und gewann dem Kanzler Wilhelm im Frühjahr 1191 mehrere Burgen ab[6]). — Doch gelang es noch einmal, zwischen

---

[1]) Devizes 11.
[2]) Bened. II. 106. Hoved III. 32.
[3]) Bened. II. 109. Deviz. 12—13. Hoved. III. 35.
[4]) Girald. Cambr. Vita Galfridi. — Hugo Nonants Schmähbrief bei Bened. II. 216. Diceto 656. Devizes 14. Gervas 1566. Guilelm Neubrig. IV. 14.
[5]) Diceto 658.
[6]) Benedict II. 207. Hoveden III. 134. Guil. Neubrig. IV. 16. Devizes p. 30.

beiden zu vermitteln; sie nahmen drei Bischöfe zu Schiedsmännern — und da an ihrer Spitze Richard von London stand, darf dies vorwiegend als sein Werk gelten: Wilhelm musste mehrere Burgen und die Erbfolge Arthur's von Bretagne zu Gunsten Johanns aufgeben [1]).

Die Ankunft des Erzbischofs Walter von Rouen mit einer sehr weit gehenden königlichen Vollmacht [2]) gab der Partei des Staatsraths eine neue Stütze : auf einer zweiten Conferenz trat ihr Johann mehrere gefährliche Burgen ab; Richard, wiederum unter den Vermittlern, erhielt fürerst Bristol übertragen [3]). Noch wollte man den Kanzler nicht fallen lassen, denn erst kurz vorher hatten sich die englischen Bischöfe um Erneuerung der Legation für ihn beim Papste verwandt.

Wilhelms Streben nach dem Erzstuhl von Canterbury, mehr noch eine Unvorsichtigkeit stürzten ihn dennoch. Als nämlich Gottfried, Heinrichs II. Bastard, jetzt Erzbischof von York, nach England zurückkehrte, wurde er zu Dover am Altar durch Longchamps Leute schimpflich verhaftet, obwohl er behauptete, so gut wie Johann, von seinem Versprechen dreijähriger Abwesenheit durch den König selbst entbunden zu sein.

Ob solchen Frevels gerieth die Geistlichkeit in wilde Wuth gegen den Kanzler. Zwar desavouirte dieser den Gewaltact sofort [4]), gab aber doch den gefährlichen Erzbischof erst frei, als Richard von London zu ihm nach Norwich

---

[1]) Ben. II. 208. Hov. III. 135. Devizes p. 32, 33.

[2]) Wortlaut Diceto 659. — Bened. II. 213.

[3]) Dass zwischen Richard und Walter ein freundschaftliches Verhältniss bestand, geht aus der Ehrenbezeugung hervor, mit der ihn Richard noch im Mai 1194, als dessen politische Stellung unbedeutend geworden war, zu London empfing, Diceto c. 673. Mit dem Decan von London führte Walter eine grosse Correspondenz, ibidem.

[4]) Nach Devizes habe Wilhelm sofort Gotfrids Befreiung befohlen. Dieser weiss daher auch Nichts von Richards Intervention. Er ist aber überhaupt parteiisch für Wilhelm. — Dagegen Diceto c. 663 klar und nüchtern, und über Richard jedenfalls am Besten unterrichtet. — Giraldus. V. Galfridi II. 2, Bened. 2. 211, Hoved. 3. 138.

eilte, sein Bisthum als Bürgschaft stellte und zugleich mit dem Interdict drohte [1]). — Zu solcher Entschiedenheit war der Bischof von London verpflichtet, da er als Decan von Canterbury den Primas vertrat. Er empfing am 2. October 1191 den einzig treuen Sohn Heinrichs II. und den langjährigen Collegen in dessen Diensten mit feierlicher Procession zu London [2]). —

Johann's Anhang war nun hierdurch so gewachsen, dass die Regierungspartei, um nicht ganz bei Seite geschoben zu werden, auf seine Seite treten musste.

Richard hat dabei keineswegs die Führung übernommen. Da er bei der Vorberathung zwischen Walter von Rouen und Johann abwesend war und zu der von letzterem berufenen Versammlung an der Loddenbrücke [3]) von Windsor aus mit dem Kanzler und dem Grafen Arundel zusammen hinausritt, scheint es vielmehr, dass er Wilhelm bis zuletzt zu halten wünschte [4]).

Dieser aber kehrte unterwegs muthlos nach Windsor um [5]). Dort ward ihm durch Richard von London, Hugo von Lincoln und Johanns besten Freund Hugo Nonant von Chester das auf Absetzung lautende Urtheil verkündet. Und da er auf der Versammlung nicht erschien, obwohl Johann durch Richard ihm Sicherheit zusagte, ward er von den Bischöfen excommunicirt.

Er warf sich nun in den Tower von London, während die Bürger sich Johann anschlossen, als er ihnen die langersehnte Commune zusicherte [6]).

---

[1]) Ep. Cantuar. 345. Gotfrid von Winchester an den Convent von Canterbury. Er bedauert des Erzbischofs Beleidigung, wolle aber nicht allein vorgehen ohne des Bischofs von London und der anderen Beirath. Gervas 1577.

[2]) Diceto c. 663. Girald l. c.

[3]) Die Einladung Johanns an Richard im Wortlaut bei Diceto c. 663.

[4]) Dafür sprechen auch die Worte: ob administrationis regiae qua Willelmus fungebatur reverentiam, mitius in eum, ne dicam remissius agens, Girald Camb. l. c. II. 2.

[5]) Ben. II. 212.

[6]) Diceto 664. Devizes p. 37, 38. Ben. II. 214. Hoved. III. 141.

Eine zweite Versammlung der Barone im Capitel von S. Pauls vervollständigte Johanns Sieg : er sollte fortan Regent, Walter von Rouen [1]) Grossjusticiar sein. Dem Beamtencollegium ward ausdrücklich Antheil an der Regierung gewahrt. Gleichzeitig erneuerte man dem König den Treueid — es fiel auf, dass Richard von London allein den geistlichen Vorbehalt hinzufügte [2]).

Wiederum war es dieser mit noch drei Bischöfen, der den Kanzler zur Auslieferung der Burgen bewegen sollte. Er konnte ihm persönliche Sicherheit Seitens Johanns garantiren. Am folgenden Tage, dem 10. October, gab Wilhelm nach. Ohne aber seinem Versprechen, die Burgen zu übergeben, nachgekommen zu sein, versuchte er in Dover zu entfliehen. In Vermummung ertappt und schändlich misshandelt, erhielt er erst, nachdem er alle Schlösser aufgegeben, durch die Beamten freien Abzug [3]). — —

Richard hatte, als der Erzbischof Balduin auf den Kreuzzug ging, als dessen Decan die Vertretung des Metropoliten [4]) erhalten, während die eigentliche Diöcese Canterbury der Bischof von Rochester verwaltete. In Balduins Auftrag besorgte er die Neuwahl für Worcester [5]), und bewog Bischof Hugo von Conventry [6]) zur Niederlegung des Sheriffamts. Später, im November 1191, wahrte er die Rechte des Metropoliten, indem er gegen den Erzbischof von York, den er kurz zuvor geschützt und gefeiert

---

[1]) Walter soll ausdrücklich die Nebenjusticiare und die barones scaccarii zur Regierung hinzu zu ziehen verpflichtet sein, Hoved. ibid. Seine Nachricht über den Treueid stützt Devizes p. 38, wonach Johann Summus rector totius regni ward.

[2]) Bened. II. 214. Hoved. III. 140. Dev. 38, 53, 54. Diceto 664. Gir. Cambr. Guil. Neubr. L. IV. c. 17.

[3]) Bened. II. 215. Hoved. III. 140. Devizes 42. Diceto 665.

[4]) Diceto 651.

[5]) Epist. Cantuar. 325, Mai oder Juni 1190. Balduin an Gilbert von Rochester. Bezug darauf ib. 327.

[6]) Diceto 652. Hugo's Erklärung, Richard gehorchen zu wollen, auch sich seiner Entscheidung in dem Streite mit den Mönchen seiner Cathedrale (die er vertrieben, um Cleriker einzuführen) zu unterwerfen, s. Diceto 653.

hatte, energisch einschritt [1]), als dieser zu London sein Kreuz erhoben tragen wollte.

Nach dem Tode Balduins [2]) hatte nun der König den Erzbischof von Monreal für den vacanten Erzstuhl zur Wahl empfohlen. Wilhelm trachtete selbst nach dem Primat und sah es gern, dass die Mönche jenen ablehnten. Nach seiner Vertreibung war natürlich seine Hoffnung gescheitert. Die Excommunication, die er vom Continent gegen Walter von Rouen und seine Partei schleuderte [3]), fand in England keine Beachtung. Richard war zwar nicht von ihr getroffen, hielt jedoch an dem von den Bischöfen über Wilhelm verhängten Banne fest [4]). Seine besondere Höflichkeit gegen Graf Johann [5]) bewies, dass er nicht mehr den Kanzler [6]) begünstigte. Vielmehr beeilte er sich, sobald dieser ausser Landes war, die Wahl für Canterbury zu erledigen. Die Conferenz zwischen Mönchen und Suffraganen vom 22. October 1192 [7]) blieb erfolglos, da letztere ihr herkömmliches Stimmrecht nicht aufgaben — erst Innocenz III. hat den Mönchen allein das Wahlrecht verschafft. Richard lud [8]) hierauf aufs Neue nach Canterbury zum 5. December ein. Die einseitig von den Mönchen vorgenommene Wahl vom 27. November scheiterte am Tode des Erwählten [9]) : die Vacanz dauerte fort.

Inzwischen gelang es der Regierungspartei unter Wal-

---

[1]) Er interdicirte den Tempel, in dem Gotfrid wohnte. Bened. II. 238. Hoved. III. 187.

[2]) Vergl. Hoved. III. Pref. LV.

[3]) Wortlaut des Briefes an Hugo von Lincoln Bened. II. 223. Hoved. III. 152.

[4]) Dies folgt aus Jocelin. Brakelond., Chronic. S. Edmundi (Camden Society) p. 39.

[5]) Am 22. October schenkt er ihm einen merkwürdigen Sperber, Diceto 666.

[6]) Das folgt auch aus Richards eiliger Besetzung der Westminster Abtei, auf die Wilhelm für seinen Bruder gehofft hatte. Devizes p. 29. Diceto 664.

[7]) Gervas 1579. Diceto 666.

[8]) Wortlaut bei Gervas 1579. Diceto 667.

[9]) Bened. II. 226, 227. Hoveden III. 168.

ter's schwacher Leitung, zwar die innere Verwaltung fortzuführen, aber nicht die hochverrätherischen Unterhandlun-
gen Johanns mit Frankreich zu hindern. Erst die greise
Eleonore verbot [1]) ihrem treulosen Sohne energisch, England
zu verlassen, und dieser war bereit, einen neuen Umsturz
jetzt im Bunde mit Longchamp herbeizuführen. Nur durch
eine hohe Zahlung hielt ihn die Regierung davon ab [2]).

Als er dann im Frühling 1193 [3]) auf die Nachricht von
der Gefangenschaft König Richards diesem offen die Krone
zu entreissen versuchte, schaarte sich die Partei der Prälа-
ten, der Beamten, der treuen Barone gegen den Verräther
zusammen, und zwang ihn zunächst bis zum November zum
Waffenstillstand [4]).

Gleichzeitig lief vom Könige eine neue Erlaubniss zur
Wahl für Canterbury an Richard von London [5]) ein. Jetzt
gelang es diesem am 30. Mai 1193 [6]) auf den Erzstuhl Hubert Walter, Bischof von Salisbury, durchzubringen. Er
war Glanvilla's Neffe und hatte mit Richard lange am Exchequer gearbeitet, auch noch kürzlich von Accon aus cor-
respondirt [7]). Die Wahl war ein Sieg der Regierung. For-
mell hatten die Mönche zuerst gewählt, Richard und die
Suffragane eingestimmt, und zuletzt der Justiciar den königlichen Consens ertheilt [8]). Die Inthronisation fand im November statt, nicht ohne Streit über eine Ceremonie zwischen Rochester und London [9]).

---

[1]) Bened. II. 237.
[2]) Bened. II. 238. Hoved. III. 188.
[3]) Diceto 668. Guilelm Neubr. IV. c. 32. Hoved. III. 204.
[4]) Hoved. III. 207.
[5]) Wortlaut bei Diceto 669.
[6]) Gervas 1584. Hoveden III. 221.
[7]) Wortlaut bei Diceto 658
[8]) Diceto 670 vom weltgeistlichen, Gervas 1586 vom mönchischen Standpunct, stimmen in den Facten doch überein. — London
hatte die Wahl zu verkünden, Diceto 670.
[9]) Bei dem Empfange solle London, bei der Palliums-
anlegung Rochester rechts vom Erzbischof stehen. — Am 7. November las Richard im Augustin-Kloster Messe, Gervas 1586.

Mit dem Erwählten erhielt der Schatzmeister die Besorgung und Beaufsichtigung des Lösegelds [1] für den König. „Es überstieg bei Weitem alles Dagewesene; es umfasste alle alten Pläne, Geldquellen zu schaffen und bildete einen Präcedenzfall für neue" [2].

Inzwischen hörte Johann, trotzdem sein Bruder grossmüthig Versöhnung anbot, nicht auf, gegen ihn zu intriguiren [3] und befahl, noch nachdem dieser am 4. Februar 1194 freigelassen war, seine Burgen zum Widerstand bereit zu halten [4]. Dieser Bote aber ward in London abgefangen, und am 10. Februar auf einem Reichstag Johann seiner englischen Besitzungen verlustig erklärt und von sämmtlichen anwesenden Geistlichen — unter denen natürlich auch Richard — mit seinen rebellischen Genossen excommunicirt. Gleichzeitig appellirte die englische Kirche an den Papst gegen Longchamp's fernere Legation — offenbar ein Sieg Hubert Walters, der fortan die Regierung leitete [5].

Richards letzte Jahre.

Schon am 16. März hatte Bischof Richard die Freude, den König zu S. Pauls [6] in feierlicher Procession empfangen und am 17. März im prächtigen Krönungszug zu Winchester zu seiner Linken [7] gehen zu dürfen — bei der Anwesenheit höherer und älterer Prälaten muss dies in einer Zeit, die gern im äusseren ceremoniellen Auftreten die Bedeutung eines Mannes ausdrückte, als ein Zeichen besonderer königlicher Gunst gelten.

---

[1] Hoveden III. 212.
[2] Stubbs, Hoved. IV. LXXXII.
[3] Hoved. III. 217, 232. Gervas 1582. Diceto 668 Guillelm Neubr. l. IV. c. 32.
[4] Pauli l. c. III. 262.
[5] Gervas 1586. Hoveden III. 236, 7.
[6] Diceto 672.
[7] Zur Rechten ging der Kanzler, Hoved. III. 247, auf dem Rückwege Hubert Walter, Gervas 1588. Selbigen Tages ist Richard Zeuge der Königsurkunde für den König von Schottland bei Rymer Foedera I. 62 und am 23. April der für Winchesters Freiheiten, Liber Custumarum (ed. Riley) II. p. I. p. 248.

Und dies bestätigt des Königs intimes Schreiben [1]) an den Bischof aus dem folgenden Jahre: „Trotzdem uns die Vereinigung der höchsten geistlichen und weltlichen Gewalt in England widerrathen worden, haben wir dennoch den Erzbischof zum Grossjusticiar ernannt, in der Erwartung, dass unsere, im Verhältniss zu unseren Vorfahren grössere Milde gegen den Clerus nicht zu unserem Nachtheil benutzt wird. Die einseitige Bischofswahl der Mönche von Durham [2]) ohne königlichen Consens ist Majestätsbeleidigung. Sorgt also eifrig, dass unserer Vorfahren Recht bei der Wahl englischer Bischöfe uns in Nichts gemindert werde“.

Dieser Brief zeigt Bischof Richard zugleich in der ihm eigenen Stellung als Vermittler zwischen Kirche und Staat; wie sie von päpstlicher Seite anerkannt wird in Coelestins III. Auftrage, gemeinschaftlich mit Hugo von Lincoln die Schenkungen aus Krongut zu cassiren, die während des Königs Abwesenheit an Kirchen gemacht seien [3]).

Und so erscheint er einerseits als Fortsetzer des Bau's der Cathedrale [4]), als Beschenker der Schule von S. Pauls und interessirt für Zuwendungen an Klöster in seinem Sprengel. Noch [5]) im November 1197 ersuchen ihn die Mönche von Canterbury, im Vertrauen auf seine alte Liebe, den

---

[1]) Wortlaut bei Diceto 681.

[2]) Hoveden kennt nur die Wahl von Northallerton vor Hubert Walter III. 308.

[3]) Hoveden III. 192. Der Brief muss 1192 oder 1193 datirt sein.

[4]) Das kurz zuvor durch den Decan Ralf de Diceto abgefasste Domesday von S. Pauls (ed. Camden Soc.) hatte den Besitz des Bisthums so gut geordnet, dass vielleicht Richard wenig Arbeit zu thun fand, und daher die wenigen Nachrichten über seinen Episcopat. S. Milman l. c. 38, 39. — Dazu folg. Urkunden: Schenkung des A. de Ver auf Richards Intervention für Castle Hedingham, Mon. Angl. IV. 437; Bestätigungen von Schenkungen für Clerkenwell, Mon. Angl. IV. 82, 86. — 1194, 23. März Bestätigung für S. Pauls. Die Schenkungen von Kirchengeräth zusammengestellt bei Wharton, De episcopis Londoniensibus p. 72.

[5]) Am 30. Juli 1195 weiht Richard den Abt von S. Albans, Diceto 678.

Erzbischof, der ihn um Rath gefragt, zum Abbruch ihres
Hindernisses, der Kapelle von Lambeth zu bewegen, wie es
ja der Papst befohlen habe. Ein Befehl [1]), den wenigstens
Richards Decan offen gemissbilligt hat. — So bietet er Peter
von Blois [2]), dem als fruchtbaren Schriftsteller und gewand-
ten Diplomaten bekannten Hofgeistlichen, der seines Archi-
diaconats von Bath entsetzt, als Greis in Nahrungssorgen
gerathen war [3]), den Archidiaconat von London an. Schon
früher müssen die beiden Männer in Berührung gekommen
sein, Richard hatte ihn zum Empfang der höheren Weihen
bewegen wollen [4]). — Peter setzt in einem salbungsvollen,
schmeichelnden Briefe des Längeren auseinander, wie er sich
des Priesterthums unwürdig halte [5]).

Andererseits als Staatsbeamter ist der Schatzmeister
bis zuletzt [6]) auf dem Posten. Eine politische Rolle als Par-
teimann zu spielen, war ihm fortan erspart. Als Rath hat
er seinem Freunde Hubert Walter beigestanden, in den alten Formen die Verwaltung [7]) fortzuführen. Als dieser im
December 1197 von den Baronen verlangte, 300 Ritter für
ein Jahr dem Könige hinüber zu senden, erklärte Richard
sich bereit, seine Leute und Habe ihm unbedingt zur Verfügung zu stellen. Dagegen behauptete Hugo von Lincoln,
sein Bisthum schulde Lehndienst nur innerhalb Englands
und brachte Huberts Vorlage zu Fall [8]).

---

[1]) Ep. Cantuar. 382. Diceto 705.

[2]) Dies muss 1197 oder 1198 erfolgt sein, denn noch 1197 wollte
Peter nach Frankreich zurück, Epist. 160.

[3]) Vgl. Histoire littéraire de la France XV. 341.

[4]) Da Peters Briefe oft einander widersprechen, seine Worte
nicht mit seinen Meinungen, diese nicht mit den Handlungen stimmen, ist auf seine Panegyrik Richards nichts zu geben. Ep. 123, um
1195 geschrieben.

[5]) Peters Klagen gegenüber Innocenz III. ep. 149, 151, 152 und
239, dass er nicht sein Auskommen habe, fallen nach Richards Tod.

[6]) In der Fines erscheint sein Name bis 1197 s. o. p. 37.

[7]) Eine vortreffliche Darstellung derselben von Stubbs in Hoveden IV. Vorrede.

[8]) Hoved. IV. 40. V. Hugonis (Dimock) p. 248. Jocel de
Brakel p. 63 hat durch Schreibfehler dem Londoniensis episcopus
die Weigerung zugeschoben, statt Lincolniensis.

Hierin wie in der Volksversammlung zu S. Pauls von 1196, wo Wilhelm Fitz Osbert gegen die Patricier von London agitirte und der Regierung den Gehorsam weigerte [1] — endlich in dem Auftreten Innocenz III.[2]) gegen den Primas und Regenten von England liegen die Anzeichen von Stürmen, welche die Grundfesten der alten Staatsordnung, in der Richard sein Ideal sah, stürzten. Es war ihm erspart, Johanns Regierung zu erleben, er starb am 10. September 1198 zu London [3]).

Ein Mönch von Winchester, der ihn wohl nah gekannt hat, setzte ihm ein schönes Denkmal in seinen Jahrbüchern: Wohlredenheit und Bildung, Freigiebigkeit und Milde rühmt er [4] an ihm, nahezu als gelte es einem Heiligen. Aber so wenig wie des Mönches von Ely Hass, ist die Liebe dessen von Winchester ein Spiegel, aus dem wir Richards Bild erkennen können : Nicht diese geistlichen Tugenden, sondern die Bedeutung, die er für das englische Verwaltungsamt [5] einst besass, und die Schrift, die er uns hinterlassen hat, sichern ihm einen Platz in der Geschichte.

B. Des Verfassers Weltanschauung.

Während die meisten theologischen und politischen Schriften des Mittelalters von höchsten Principien deducirend, leicht des Verfassers Tendenz erkennen lassen, blickt Richards eigenste Gesinnung nur hier und da unter dem objectiv im Dialog gebotenen Stoff hervor — ein Lob

---

[1] Pauli l. c. S. 286. Der Londoner Clerus war durchaus gegen den Demagogen, Diceto c. 691.

[2] Sein Befehl, die Kirche zu Lambeth niederzureissen, traf den Erzbischof am 9. Juni. Wortlaut bei Hoved. IV. 49, Epist. Cant. 391, Gervas 1602.

[3] Diceto 704. Gervas 1614. Hoved. IV. 78.

[4] Annal. Winton s. a. 1198, eine Nachricht ganz im Geiste des Richard von Devizes, dessen historische Arbeiten ja auch sonst in den Jahrbüchern seines Klosters benutzt sind.

[5] Man wusste seine Autorität zwei Generationen später im Exchequer zu schätzen, s. Alex. Swereford bei Madox 2. 346.

für sein Werk, ein Nachtheil für unsere Kenntniss. Mehr durch das practische Leben als durch ein philosophisches System beeinflusst, rechtfertigt er gern das Bestehende, nicht selten gewaltsam und inconsequent.

Kirche und Staat.

Gleich die ersten Sätze führen mitten in den Kirchenstreit : sie sind die Vertheidigung des geistlichen Staatsbeamten gegen die hierarchische Partei. Mit Johann von Salisbury, deren grösstem Verfechter unter Richards Zeitgenossen und Landsleuten, verglichen, treten sie in das richtige Licht.

Johann folgert aus der göttlichen Einsetzung der weltlichen Gewalt, jeder Fürst müsse dem göttlichen Gesetze dienen. Widrigenfalls sei er Tyrann [1]), und Johann erlaubt den Tyrannenmord. Das Gesetz dictirt die Kirche — im idealen Sinn gefasst — nicht das alte Herkommen : ein Satz [2]), dessen letzte Folgerung Auflösung des Staates bedeutet. Johann hat jedoch nur die Consequenz der Unterordnung des Staates unter die Kirche gezogen.

Ganz anders Richard! Er hat nach den schlimmen Zeiten der Anarchie das Land unter einer aufgeklärten Despotie [3]) aufblühen sehen und verdankt ihr den glücklichen Wechsel seines Schicksals. Er folgert aus der göttlichen Einsetzung [4]) des Fürsten, dass dieser nur Gott [5]) verantwortlich, und kein Unterthan berechtigt sei, über eine Politik,

---

[1]) Policraticus Buch 4. 2: „Princeps legis servus". Vgl. Schaarschmidt l. c. p. 160, Stubbs Constitut. H. p. 552; vgl. auch Johanns Gedanken über Wilhelms II. Tod in Vita Anselmi.

[2]) „Guten ist göttlich Gesetz des Lebens einziger Führer
Nicht der veraltete Brauch, wenn er entbehrt der Vernunft",
Entbet. 1517; vgl. Policrat. VI. 1. — Reuter, Alexander III. (1860) I. 315.

[3]) Dieser Ausdruck sei für Heinrichs II., eines so vielfach modernen Characters, Regierung erlaubt.

[4]) Sie acceptirt Heinrich II. selbst im Brief an die Cardinäle, Gilbert Foliot ep. 484.

[5]) D. S. p. 230.

die ihm persönlich missfällt, zu murren. Bei ihm gibt der
Herrscher allein das Gesetz; von der Beistimmung der
Grossen [1]) selbst ist keine Rede.

Und er folgert ferner daraus, dass der Geistliche der
weltlichen Gewalt allerdings zu dienen berechtigt sei [2]). — Er
mochte dabei seines Grossoheims gedenken und konnte noch
damals die Geistlichkeit bei Hofe als Hauptstütze der Regierung betrachten — zugleich als ein die rohe Despotie
milderndes Element. Er stellt seinen Vater so dar, als
habe der nicht ohne langes Bitten Seitens des Königs die
Leitung des Exchequer übernommen und das alte Fiscal-
recht wieder eingeführt, weil schwerlich die Jetztzeit [3]) ein
milderes brächte. Er gibt ihm damit ein Motiv, das, wenn
es vielleicht auf Nigel nicht passte, doch beweist, dass der
Clerus nicht ganz einseitig die Interessen der Krone in
der Regierung vertrat [4]).

Richard kann sich keine Staatsordnung denken, ohne
genaue Beobachtung des Herkommens : da Rechtsauf-
zeichnungen noch wenig existiren, bilden Präjudicien [5]) einen integrirenden Theil des gemeinen Landrechts im Gegensatz zur Willkür des Königs [6]).

Gerade die Verwerfung des Herkommens, der Austritt
der Geistlichen aus dem Staatsamt, die Unterordnung des
Staats unter die Kirche, waren die Ideen, für welche wenige Jahre früher Thomas geblutet hatte. — Und nimmt
man dazu, dass Richard einen Uebelthäter strafwürdiger

---

[1]) Trotz der häufigen Erwähnungen von Assisen. — Denn p.
194: „diffinito magnorum consilio" bedeutet vielleicht nur dasselbe,
wie p. 185 commune consilium baronum (sc. scaccarii). — Vgl. Glanvilla, Einleitung.

[2]) D. S. p. 168.

[3]) D. S. p. 199.

[4]) Vgl. Petrus Blesensis ep. 66. Der Dialog zeigt die Keime zu
Magna Charta Artikeln 2, 9, 20, 32.

[5]) D. S. p. 205. Bracton, 1. b. kann nicht als der erste hingestellt werden, der Präjudiz der records anerkennt. Gegen Güter-
bock: Henricus de Bracton und sein Verhältniss zum röm. Recht.
p. 21.

[6]) D. S. 170.

hält, wenn er Geistlicher als wenn er Laie ist, weil der höhere Rang den Fall erschwere [1]), so begreift sich, wieso er des Heiligen von Canterbury nirgends erwähnt, auch nicht bei der Erzählung von Heinrichs Sieg von 1174, der von den Zeitgenossen allgemein der Gnade jenes Märtyrers [2]) zugeschrieben ward.

Der Geistliche.

Und doch hat Richard später im Unterthaneneid seinen geistlichen Stand allein unter dem Clerus salvirt und nach dem Tode einen Nachruf für kirchliche Tugend erhalten.

Vielleicht hat das Alter oder die Bischofswürde ihn geändert — aber schon der Dialog zeigt keineswegs eine rein weltliche Gesinnung.

Die Beschenkung der Kirche und der Armen ist der einzige Zweck der Finanzen im Frieden, sie allein schafft ewigen Gewinn. Das gänzliche Vergessen der vielen anderen heut vom Staat verlangten Leistungen, erklärt sich zum Theil daraus, dass damals die Kirche den Culturzweck und die Selbstverwaltung Gericht und Polizei übernahmen. Wie die Kirche selbst das Verbrechen des Wucherers — den er streng canonisch hasst [3]) — sühnt, so dass dessen Nachlass nicht wie sonst Verwirktes confiscirt werden kann, so entschuldigt sie die unerlaubten [4]) Erpressungen des Exchequer. — Richard sieht gern, dass mehrere Orden nicht zur Abrechnung zu erscheinen brauchen, hält es unziemlich, dass ein Cleriker [5]) für seinen insolventen Herrn haftet und wünscht offenbar dessen Bevorzugung

---

[1]) D. S. p. 229.

[2]) Auf den Tag der Busse des Königs an Beckets Sarg fiel die Gefangennahme des Schottenkönigs.

[3]) D. S. p. 229. Noch ist jedes Zinsnehmen verpönt; der Fiscus selbst legt wohl Geldstrafe für Zahlungsversäumniss auf, nimmt aber keine Verzugszinsen.

[4]) ib. p. 232.

[5]) ib. p. 218.

vor Laienschuldnern — doch weist er den Frager vorsichtig
an einen gottesfürchtigen Laien, um nicht parteilich zu
sein.

Hin und wieder seufzt [1]) er auch über die Sündhaftig-
keit des Menschen und über das Elend alles Irdischen.
Doch würde Weltentsagung schlecht zu seinem Beruf ge-
stimmt haben. Auch wissen wir, dass er ein bedeutendes
Vermögen sammelte; und bei dem Satiriker Nigellus von
Canterbury erscheint er nicht unempfindlich gegen Geschenke
reicher Leute, die ihren unfähigen Sohn zu kirchlichen Eh-
ren erhoben zu sehen wünschten [2]). Die Falknerei versteht
er so vortrefflich, dass man ihm darin eigene Erfahrung
zutrauen möchte — wie er denn die Jagd, sehr im Gegen-
gensatz zu Johanns bitterer Verurtheilung, als gesunde Erholung von Staatsgeschäften darstellt. — Und das Urtheil
in seinem Dialog ist nichts weniger als zelotisch streng,
vielmehr das eines weltmännischen Menschenkenners, der
z. B. Münzfälschung als allgemeines Uebel hinnimmt und
daher milder bestraft wissen will. — Dazu stimmt auch der
muntere Unterhaltungston.: selbst Bibelsätze braucht er oft
scherzhaft [3]). Natürlich nicht etwa blasphemisch! Vielmehr steht er im Glauben seiner Zeit und sieht gern höhere Mächte in der Menschen Geschick unmittelbar ein-
greifen : wie Gott seinem König Sieg verleiht, so ist's der
leibhaftige Satan, der unter den Collegen am Exchequertisch Zank stiftet [4]).

Und nicht in dem Sinne wird Richard Gegner der
hierarchischen Partei gewesen sein, dass er etwa die Kirche
dem Staate hätte unterordnen wollen, sondern nur die
Eintracht beider, die gegenseitige Unterstützung, wie sie
in der guten früheren Zeit — d. h. vor Thomas — bestand,
wird er gewünscht haben [5]).

[1]) p. 210, p. 245 u. p. 184.
[2]) Anglo-Latin Satirical Poets ed. Wright (Rolls Series) I. 167.
[3]) ib. p. 195, 198.
[4]) ib. p. 197.
[5]) Vergl. Gilbert Foliot (an Thomas) ep. 194: „Regnum sacer-

Der Beamte.

Ein Autor, der sein Glück dem König verdankt, in Zukunft von ihm abhängt und sein Buch ihm widmet, musste ihm ein gut Theil Schmeicheleien sagen. Sie betreffen nur einmal Heinrich als Menschen : da ist die Liebe desselben zu seinen Kindern [1]) bloss Wahrheit. Sonst übertreiben sie meistentheils durch gespreizte Form [2]) das an dem König wahrhaft Bewundernswerthe : die Sorge für den Landfrieden [3]), grosse kriegerische Erfolge, Milde gegen Besiegte [4]). Der wirkliche Fortschritt des Landes durfte Heinrichs Sorge für die innere Staatsordnung zugeschrieben werden; wenn der Adel lehnrechtlich gezwungen wird, die ihm erlassene Steuer auch den Hintersassen nicht aufzubürden [5]), nennt der Verfasser den Regenten etwas stark „Nacheiferer der evangelischen Lehre". — Einmal erbettelt er Privilegien, indem er nur die königliche Freigiebigkeit gegen die Beamten zu rühmen [6]) scheint. — Unrichtig stellt er die normannischen Könige als Aufheber des drückenden Dänengelds [7]) als Jahressteuer dar (er musste aus den Pipe Rollen das Gegentheil wissen) und giebt als Entstehungsgrund des Domesdaybook nur Wilhelms I. Gerechtigkeitsliebe [8]). Des Königs Grossvater, Heinrich I., erscheint ihm überall als der Volksbeglücker; Stephans Zeit wird

dotio devotum sancte praestabat obsequium et sacerdotio firmissime fulciebatur".

[1]) D. S. p. 214.

[2]) ib. p. 173, 185, 190, 204.

[3]) ib. p. 214.

[4]) ib. p. 215 f. Der Vergleich mit David, dem Mann nach dem Herzen Gottes, fällt für Heinrich II. günstig aus.

[5]) So dürfen auch die Mobilien der Leibeigenen bei Auspfändung des Herrn erst dann angegriffen werden, wenn dessen Mobilien nicht ausreichen. D. S. p. 237; vergl. Stubbs, Const. H. 429.

[6]) D. S. p. 207.

[7]) ib. p. 203. Dagegen Huntingdon : modo persolvimus ex consuetudine quod Dacis persolvebatur ex ineffabili terrore (Savile) p. 357.

[8]) D. S. p. 208; vergl. Inquis. Eli. Dom. III. 497: „et si potest plus haberi quam habeatur".

oft genug als die der Wirren geschildert, doch sein Name als der des Usurpators nirgends erwähnt.

Bedenklicher ist, wenn er indifferente Massregeln des Königs als tugendhaft preist, z. B. dass die Steuerfreiheit[1]) den Beamten bis Ende des Geschäftsjahrs bleibt, auch wenn sie in der Mitte entlassen sind; — oder dass der Sohn nur den gleichen Werth des durch den Vater veranlassten Ueberfangs[2]) zu zahlen hat. — Manchmal schiebt er gute Motive unter; so soll die Einführung der Schildgeldsteuer anstatt des Lehn-Kriegsdienstes bloss die Schonung der Landeskinder[3]) bezwecken, während es sich doch in Wahrheit nur um baares Geld und leichtere Verfügung über die Truppen handelte. — Echt fiscalisch sieht er eine besondere Milde darin, dass der König Einigen umsonst Recht gewährt, Anderen, die die Processerlaubniss nur gegen hohe Versprechungen erlangt haben, diese zu erlassen pflegt, wenn sie nachträglich von der Klage zurücktreten[4]).

Am Unangenehmsten berühren die sophistischen Vertheidigungen mancher Ungerechtigkeit — so der harten Forstgesetze. — Er verwahrt das königliche Gericht hoch und theuer gegen den Vorwurf der Käuflichkeit — nur die Beschleunigung des Processes könne erkauft werden. Und doch! was ist es anders, wenn, wie er selbst zugesteht, der König nur Einigen ohne Zahlung Recht ertheilt und oft, selbst trotz hoher Angebote, eine Klage nicht annimmt, die von Missliebigen ausgeht oder gegen einen Günstling gerichtet ist[5]).

Dass Mobilien verbrecherischer Hintersassen, die doch mit Leib und Gut dem Herrn gehören, confiscirt werden,

---

[1]) D. S. p. 198 f.

[2]) ib. p. 226.

[3]) ib. p. 201.

[4]) ib. p. 243.

[5]) D. S. p. 243; vergl. Magna Carta art. 36. — Pauli, Gesch. von England III. 139 f., schildert die Missbräuche der Rechtspflege gewiss nicht zu hart. Aber die am Exchequer war verhältnissmässig schnell und rücksichtslos laut Walter Map (der sonst so tadelsüchtig). De nugis Curial. V. 7.

rechtfertigt er damit, dass der Adliche sonst vielleicht aus Habgier Leibeigene unschuldig als Verbrecher [1]) behandeln möchte. — Freilich hier ruft er schon als Argument zu Hilfe, die Assise [2]) des Königs habe es so festgesetzt, sie wolle den Frieden des Volkes, und der König sei göttlich inspirirt. Darin liegt ein leises Zugeständniss, dass sein Gewissen die Massregel nicht ganz billigt. Ein besserer Jurist hätte sie correct aus dem Inquisitionsrecht der Krone kraft des Grundsatzes, dass wer die Gerichtsbarkeit übt, dem auch ihr Nutzen zustehe [3]), abgeleitet.

Und da ist es anerkennenswerth genug, dass ein Beamter, der eifrig zwei Jahrzehnte lang dem gierigen Schatzamt gedient hat, dessen harte Erpressung, die doch ihm persönlich nicht wehe that, nicht überall als absolutes Recht, sondern oft nur als nothwendiges Uebel ausgibt; dass er ein Gefühl für Billigkeit bewahrt und im Gegensatz zum Interesse des Fiscus, diese mehrfach hervorgehoben hat [4]). Die Idee des Exchequer, die sein Werk darstellen will, soll auch die Rechte des Volkes wahren. Nicht ganz ohne Grund scheint man in Winchester seine Barmherzigkeit, sein Wohlwollen gepriesen zu haben. — Einem milden Verfahren, z. B. gegen Zahlungsunfähige, überhaupt geneigt, hält [5]) er gegen spitzfindige Wortverdrehung fest, dass das Erbrecht auf ein Lehen nicht verloren geht, wenn das Anfallsgeld nicht pünktlich gezahlt wird, und stellt als Regel hin (die erst die Magna Carta zum Gesetz erhob), dass dieses fortfalle, wo der Herr während einer Vormundschaft die Einkünfte des Lehns gezogen hat [6]).

Ueber die Weise der Auspfändung Insolventer, ferner der nur in bestimmter Form gültigen Schuldentlastung äussert er sich zögernd und betont, er erzähle nur, was

---

[1]) D. S. p. 230.

[2]) Es ist die assisa von 1166 zu Clarendon c. 5 gemeint bei Stubbs, Sel. Chart. 144.

[3]) Dieses Princip erhellt deutlich aus D. S. 231.

[4]) ib. p. 169, 172, 176.

[5]) ib. p. 236.

[6]) ib. p. 227.

geschieht, nicht was vielleicht geschehen sollte — ein Tadel, für einen Hofmann in einer Hofschrift freimüthig genug, der zugleich zeigt, dass er die knechtische Theorie vom beschränkten Unterthanenverstand in der Praxis nicht ernst [1]) genommen hat. Und ebenso ist's mit dem anderen, römischem Recht entlehnten, Gedanken [2]): Gesetz sei, was der König beschliesse. Ist doch der Exchequer selbst trotz mancher Willkür im Einzelnen nicht unbedingt von der Laune des Despoten abhängig, durch den Beisitz der Pairs und eine im Herkommen [3]) beruhende Verfassung, die Richards Aufzeichnungen gerade zu befestigen [4]) beiträgt. Im Verein mit dem wenig späteren Buche Glanvillas konnte sie eine Schranke gegen tyrannische Uebergriffe werden. Dessen ist sich der Autor schwerlich bewusst geworden. Wohl aber hat er an einigen Stellen das Interesse des Staats von dem des Königs [5]) scharf getrennt. Mit den willkürlichen [6]) Forstordonnanzen hat das gemeine Recht nichts zu thun. — So erscheint uns Richard we-

[1]) Heinrich II. war gross genug, die Wahrheit hören zu können. Die Gegner gaben das natürlich nicht zu; der zelotische h. Hugo von Lincoln ist dennoch ein Beweis dafür.

[2]) Der Satz ist ausgesprochen bei Richards gleichzeitigen Gesinnungsgenossen und Collegen, Glanvilla, Einleitung. Der Einleitung des Dialogs aber liegt derselbe Gedanke zu Grunde. Ein politischer Dichter (Franciscaner?) lässt noch 1265 die Royalisten behaupten: „Vim habente legis principis imperio" (Political Songs, ed. Wright in Camden Soc. p. 97). Aber schon Bracton ändert den ihm vorliegenden Satz Glanvillas : auch reipublicae communis sponsio sei zur Gesetzeskraft nöthig (Ed. 1569 fol. 1). Mit Bewusstsein tritt dem römischen Satz entgegen Fortescue cap. 9.

[3]) Eine Erneuerung alten Brauchs sieht er selbst in den Reiserichtern : das Volk würde die Institution den Leges Edwards beigezählt haben. — Dass die eigene Hoheit der Pairs dem Exchequer Kraft und die Eigenschaft des obersten Gerichts verleiht, D. S. 176.

[4]) Unum omnium (der Exchequerbeamten) officium est et intentio : ut regis utilitati prospiciant — salva tamen aequitate, secundum constitutas leges scaccarii, D. S. p. 176.

[5]) Freilich p. 222 ad regis utilitatem quicquid ad regni pacem.

[6]) ib. p. 206.

sentlich nicht als Hofbediener, sondern als Staatsbeamter, nicht als Volksaussauger, sondern als gewissenhafter Steuerverwalter [1]).

Dies zu sein ist er stolz [2]). Denn er weiss wohl die Wichtigkeit der Finanzhoheit [3]) als Stütze des Staats zu schätzen und stellt ihre routinirte Leitung dicht neben die vier Cardinaltugenden als Regierungsprincipien [4]). — Wie er die Schwierigkeiten seines Berufs sich ernst vorhält, so hat er mit Liebe die entferntesten Seiten und die Vergangenheit des Exchequer zu erforschen versucht : betreffs letzterer hat er sein Resultat vorsichtig als Meinung, nicht als sicher hingestellt und seine Quellen genannt [5]). — Ein schöner Zug ist die Bescheidenheit, mit der er sich der Controlle seiner Collegen unterordnet, und die Hochachtung und Herzlichkeit, mit der er ihrer und seiner Lehrmeister im Schatzamt [6]) gedenkt : er kann seinem Vater [7]) und Grossoheim keine grössere Ehre anthun, als ihnen glänzende Kenntniss des Exchequerwesens beilegen. —

Er vergisst nicht, die Privilegien der Beamten zu erwähnen [8]), aber gleichzeitig warnt er gegen ihren Missbrauch durch Spitzfindigkeit, denn wer Andere richtet, darf am Wenigsten das Gesetz ungestraft übertreten [9]).

Stellung zum Volk.

In demselben Sinne will er nur bei edler Denkungsart

---

[1]) Gegen Umgehung der Steuerpflicht, D. S. p. 212.

[2]) ib. p. 170, 177, 208.

[3]) Aus dem neuerdings bekannten Material vergl. Draco Normannicus (Mai App.) v. 2200.

[4]) D. S. p. 169.

[5]) D. S. p. 176, 193, 194, 205, 208.

[6]) ib. p. 172, 177, 185, 190.

[7]) Die oben p. 39 angeführte Streichung Nigels aus den Exchequerschuldnern lautet : Sed mortuus est et requiescat in pace. Des Sohnes Pietät hat die letzten Worte dictirt; sie sind ein Unicum in den Schatzrollen.

[8]) Ausser vielleicht dasjenige des unentgeltlichen Empfangs der Kanzleibreven; vergl. Map, De nugis curialium p. 232.

[9]) ib. p. 198, 204.

dem Adlichen und Freien [1]) Vorrechte zugestehen. Des Bürgers Handel und Geldgeschäft verachtet er, wie man es bei einem Finanzbeamten kaum vermuthen sollte : er sieht darin weniger ehrliche Arbeit als im Landbau — und Müssigang [2]) ist ihm vor Allem verhasst.

Der Leibeigene ist der Theorie nach durchaus Sache : er ist verkäuflich und eigenthumslos, sein Besitz hängt ganz von der Gnade des Herrn ab [3]). Dennoch ist derselbe factisch [4]) vielfach geschützt.

Den Eingeborenen wirft er wilde Trunksucht und Zügellosigkeit [5]) vor (die vielen heimlichen Mordfälle, welche die Pipe Rollen verzeichnen, bestätigen das); ihre Sprache klingt ihm barbarisch; doch hat er es nicht verschmäht [6]), sie über ihre Geschichte und Verfassung zu befragen. Denn die sind ja auch sein [7]) — obwohl seiner normannischen Abstammung sich stolz bewusst, beobachtet er doch schon die Verschmelzung [8]) der Freien beider Stämme. Unter dem Reich versteht er nie das weite plantagenetische Länderconglomerat, sondern England. In seinem Werke ist keine Spur von Troubadours und Kreuzzügen ersichtlich. Fast mit keinem Worte erwähnt er das Ausland, während er die kleinsten Bezirke seiner Insel kennt. So ist er selbst bereits Insulaner, ihm sogut wie dem Angelsachsen Ailred von Rievaux ist Heinrich II. der Nachkomme der uralten [9]) Könige von England.

---

[1]) D. S. p. 234, 235.

[2]) D. S. p. 210.

[3]) D. S. p. 201, 202, 203, 230, 237.

[4]) D. S. p. 198, 205.

[5]) D. S. p. 222.

[6]) D. S. p. 202.

[7]) Es ist wohl zu beachten, dass der Sohn des Normannen, der Hofbeamte des Anjou, von einem Umsturz der englischen Verfassung durch den Eroberer Nichts weiss !

[8]) D. S. p. 201 f.; vergl. Map (Camden Soc.) p. 209.

[9]) D. S. p. 184.

C. Richards Schriften (ausser dem Dialog).

Trotz vielseitiger Berufspflichten fand Richard Musse zu literarischer Beschäftigung. Schon bevor er 1178 unseren Dialog ausarbeitete, hatte er unter dem Titel Tricolumnis die Geschichte seiner Zeit mindestens bis 1174 geschrieben. —

Er war zum Historiker befähigt wie Wenige. Da er selbst an der Regierung Theil nahm, dauernd am Mittelpunkte des politischen Lebens sich aufhielt, aus dem Reichsarchiv und aus dem Munde der ersten Staatsmänner wie der niederen Bauern Erkundigung einzuziehen verstand [1]), muss er gut unterrichtet gewesen sein. Wir sehen, dass er im Ganzen besonnen und objectiv urtheilt und bei aller Welterfahrung ein warmes Herz bewahrt hat. — Wenn der Tricolumnis nicht amtlich war, so wird er freimüthiger haben schreiben dürfen als im Dialogus; und dieser zeigt, dass er klar und leicht seine Gedanken auszudrücken [2]) verstand. — Sogar für eine wissenschaftliche Auffassung der Geschichte, höher als sie die meisten Historiker jener Zeit zeigen, dürfen wir vielleicht einen Geist für fähig halten, der philosophisch geschult, verborgene Tiefen zu durchdringen strebt, im Zweifel das Zeichen des Fortschritts sieht und des Predigers Satz: „Wer Erkenntniss mehrt, mehrt Weh" verachtend abweist [3]).

Welcher Verlust für unsere Kenntniss jener Zeit, wenn Richard's „Tricolumnus" verschwunden ist [4])!

1. Tricolumnis.

Oder sollte das Werk vorhanden sein?

---

[1]) Hierüber s. weiter unten.

[2]) Vergl. weiter unten.

[3]) D. S. p. 183 und 170; — p. 212; — p. 210.

[4]) Auch das Werk von Richards Zeitgenossen, dem weit berühmteren Peter von Blois De gestis Henrici (ep. 14) ist verloren. Und wie wichtig wäre des Magister Thomas Brunus Rotulus über regni jura regisque secreta! Vergl. D. S. 190.

Eine vor acht Jahren von Stubbs[1]) aufgestellte Hypothese, die auch bereits in England Anklang[2]) gefunden hat, liess es hoffen. Der Bedeutung des Forschers und dem Interesse des Stoffes gemäss ist für ihre Abweisung Ausführlichkeit geboten.

Richard nicht der Verfasser der Gesta Henrici II.

Die früher unter dem Namen Benedicts von Peterborough bekannten Gesta Regis Henrici II. sollen, wenigstens in dem ersten[3]), von 1170—1177 reichenden Theile, mit dem Tricolumnis identisch sein und nur die dreitheilige Form haben fallen lassen.

Stubbs Gründe sind folgende:

I. Den Plan des Tricolumnis (oder Tricolumnus) giebt der Dialog folgendermassen an: „In prima (sc. columna) de ecclesiae Anglicanae negotiis plurimis et de nonnullis rescriptis sedis apostolicae. In secunda vero de insignibus praedicti regis gestis, quae fidem humanam excedunt. In tertia vero de pluribus negotiis tam publicis quam familiaribus necnon curiae judiciis agitur". Diese Inhaltsangabe stimme mit Benedict und dieser habe nur die Dreitheilung fortgelassen. — Dagegen halte ich

a) einen Autor, der sich ängstlich an geschriebene Worte klammert, wo er sie findet (vergl. das Ende Thomas'; die Rede Arundels; die schottischen Greuel[5])), unfähig, jede Spur der Dreitheilung zu verwischen.

---

[1]) Vorrede zur Ausgabe des sogen. Benedictus in Rolls Edition Series I. LVIII ff.

[2]) Milman, Annals of St. Pauls Cathedral p. 36. Nur als Hypothese referirt in Sybel's Historischer Zeitschrift 23, 229.

[3]) Auf p. LIX zieht Stubbs jedoch Stücke aus dem späteren Theile hinein !

[4]) D. S. 184. Das Excerpt in der Vorrede zum Benedict stimmt nicht genau mit der Ausgabe. Das in hinter tam bleibt besser mit L. N. fort; hinter quam bietet keine Hdsr. ein in. — Hinter necnon hat L. N. ebenfalls kein in. Das et hinter curiae hat die Ausgabe mit Recht fortgelassen. — Statt Temporum im Excerpt ist einzig richtig das Terrarum der Ausgabe (zu letzterem vergl. Glanvils Prolog).

[5]) Bened. l. p. 8 ff., 52 f., 64.

b) In welcher Columne sollen die Nachrichten über Marocco; die Liebesgeschichte der Gräfin von Flandern; die Pest; die Witterung; Todesfälle; Peter von Flandern; französische Bischöfe; Friedrich I.; Constantinopel; Londoner Unruhen; Johanna von Sicilien [1]) gestanden haben?

c) Aus den Jahren 1170—77 kennen wir etwa hundert päpstliche Bullen für England, Benedict giebt vier. Das stimmt nicht zur ersten Columne, die doch gewiss die Dispens für Richard selbst, die Diceto [2]) bringt, enthielt.

II. Benedict gebe beide Punkte ausführlich, wegen welcher auf den Tricolumnis verwiesen wird: nämlich

1) den Krieg von 1173, der doch aber bei jedem Historiker des Breiteren erwähnt wird [3]); und

2) war „in Tricolumni plenius ostensum" [4]), wie Richard von Winchester „magnis intentus in multa distrahitur", also jedenfalls ein Wort erwähnt von seiner Thätigkeit bei der Wahl für Canterbury [5]); von seiner eigenen Wahl und Inthronisation in Winchester [6]); von dem wichtigen Auftrag, den König 1174 [7]) nach England zu rufen; von seiner Reorganisation der normannischen Finanzen [8]). — Von all dem nichts bei Benedict!

III. „Benedict und Richard seien nicht mönchisch gesinnt". Nein, aber Diceto und Hoveden ebensowenig!

IV. „Der Styl weise auf einen Beamten". Ja, aber er ist weit schwerfälliger als Richards!

---

[1]) Bened. I. 23; 99 ff.; 104; 177; 125, 143, 105; 49, 124; 125; 126 f.; 128 ff.; 167 ff.

[2]) S. o. p. 40.

[3]) D. S. p. 215. Biblische Reminisconzen konnte weder Richard noch Benedict gerade hier vermeiden, aber ebensowenig ein anderer Autor jener Zeit.

[4]) ib. p. 184.

[5]) Diceto c. 561.

[6]) Gervas c. 1424. Diceto c. 568, 583.

[7]) Diceto c. 576.

[8]) Diceto c. 594.

V. Die Genauigkeit der Daten Benedicts beweist Nichts, als dass er von Hofe gute Nachrichten hatte!

VI. Stubbs selbst wirft sich ein : Richard bezeichne den Tric. als „juvenilibus annis" [1]) geschrieben. Stubbs folgert daraus : entweder seien die Worte bedeutungslos, oder der Dialog sei später verfasst als er selbst zugebe. Letzteres, sahen wir [2]), geht nicht an. Vielleicht sollen jene Worte nur eine Bescheidenheitsphrase sein — „utcunque" steht davor — wahrscheinlicher ist doch, dass sie auf die Entstehung, den Beginn des Werkes weisen, dass dieses weit vor der ganz unmotivirten Epoche Benedicts angefangen habe. Die Dreitheilung deutet doch auf annalistische Anlage, so dass kein Grund vorliegt, etwa an eine selbständige Behandlung des Kriegs von 1173/74 zu denken. Da allgemein von den grossen Thaten Heinrichs, von den wichtigen Staatsgeschäften jenes Richard gesprochen wird, so möchte ich den Beginn des Tric. mit der Thronbesteigung Heinrichs II. und dem Eintritt unseres Autors in den Staatsdienst zusammenfallend annehmen. Die Kirchengeschichte würde dann vorwiegend Beckets Streit betroffen haben, und in diesem jener Richard als Diplomat zu erwähnen gewesen sein. —

VII. „Hoveden, Richards College im Amt, müsse den Tric. gekannt und für die vorzüglichste Quelle gehalten haben. Da er die Gesta Henrici excerpirt, müssen diese mit dem Tric. wesentlich identisch sein". — Hat denn nicht Walter Map dreifache Berührung mit Richard gehabt, als königlicher Richter, als Cleriker von London und von Lincoln ? [3]). Er zählt mehrfach die Autoren seiner Zeit auf, aber ebensowenig wie Radulf de Diceto und die zahlreichen Briefe von Männern, die Richard weit näher standen als Hoveden, gibt er eine Spur vom Tricolumnis. — Aber selbst angenommen, Roger hätte einst dies Werk zu Westmin-

---

[1]) Foss l. c. sollte nicht übersetzen: In his early youth.

[2]) S. o. p. 11.

[3]) Cartul. S. Petri Gloucester II. 156 u. Map p. 237.

ster gesehen — muss er es deshalb Jahrzehnte später hoch im Norden [1]) Englands bei der Hand gehabt haben?

VIII. Dass Benedict den Tric. stellenweis benutzt habe, ist nicht wahrscheinlich, da sein Styl, im Ganzen gleichmässig, Einschiebsel sofort erkennen lässt. Stubbs hat Nichts vorgewiesen, was von Richard abgeschrieben erschiene. Wir sahen oben (I.) bei Benedict mehrere, jedenfalls nicht dem Tric. entnommene Nachrichten. Dazu kommt, dass die Gesinnung Benedicts, so spärlich sie hervortritt, eine andere ist, als die, welche Richard geäussert hätte : letzterer hätte schwerlich Thomas so heilig [2]) geschildert; die Mitwirkung der Barone [3]) bei den Assisen so regelmässig erwähnt; den König einen Sünder [4]) genannt; er wird kaum die Sheriffs [5]), zum Theil seine nächsten Collegen, als Landplage, die Verurtheilung von Geistlichen [6]) wegen Forstfrevel so hart getadelt haben.

IX. Zuletzt ein Argument aus Stillschweigen : Der Tric. wird wahrscheinlich Richards Thätigkeit von 1174 und bei der Weihe Gotfrid Ridels [7]), ferner die Inthronisation des letzteren in Ely [8]) nicht übergangen haben.

Und so müssen wir Stubbs' Hypothese, so ansprechend sie scheint, fallen lassen.

---

[1]) Vergl. Hoveden, Ausgabe Stubbs' I. XXIII.

[2]) Benedict p. 9 ff. ist Johann von Salisbury benutzt.

[3]) ib. p. 4, 107.

[4]) ib. p. 4.

[5]) ib. p. 5. z. B. W. Basset war 1170 abgesetzt, 1173 wieder Reiserichter, 1178 Sheriff; also recht eigentlich von Benedicts Tadel getroffen.

[6]) ib. p. 105.

[7]) s. oben p. 37, 39.

[8]) Diceto 583.

Excurs.

Beziehungen des sog. Benedictus zu York.

Um von dem geheimnissvollen und für die Geschichte doch so
wichtigen „Benedictus" nicht ohne ein positives Resultat zu scheiden,
folge hier der Versuch, ihn zu localisiren. Schon Hardy (Descript.
Catal. 2. 494) bemerkt: „dass der Autor der Gesta Heinrici aus Nord-
england war oder wenigstens seinen Stoff dorther hatte". Wogegen Stubbs pref. LV. sagt: „Nördliche Angelegenheiten sind selten
erwähnt, als wo sie ebenso wichtig sind wie die Details aus dem
Süden — wo der König oder Justiciar anwesend war. Der Autor
scheint nur dann ihr Augenzeuge gewesen zu sein, wenn der ganze
Hof im Norden war. Gelegentlich des schottischen Angriffs von
1174 copirt er sogar Huntingdon. Keiner der späteren Durhamschen
Historiker hat von ihm copirt".

I. Das Letzte ist um so weniger Beweis gegen nordischen Ursprung, als der Pfarrer von Hoveden, der doch entschieden ein Lo-
cal-Interesse für den Erzsprengel York hatte, dem Theile bis 1177
Nichts hinzufügte, als eine — übrigens auf Howden bezügliche —
Urkunde (II. 70).

II. Fast dieselben Worte, die Benedict I. 64 und Gervasius c.
1427 aus Huntingdon 222 nehmen, hat auch Guilelm. Neubrig. L.
II. 32, der wahrscheinlich Augenzeuge war. Jene Greuel, thatsächlich einander ähnlich, wurden stereotyp beschrieben.

III. Benedict erwähnt nicht die Wahl des Roger von Bec und
Richard von Dover für den Erzstuhl von Canterbury; ist dagegen

IV. über nordische allgemeine Verhältnisse höchst ausführlich.
Hat er damals in des Königs Nähe oder als Beamter in Südengland
gelebt, so wäre dies nur um so beweisender für sein Interesse an
dem Erzsprengel York.

V. Als Nachrichten aus dem Norden von nicht allgemeinem
Interesse dürfen gelten: — abgesehen von dem Krieg von 1173—74,
den er weit ausführlicher betreffs Yorkshire erzählt, als die Historiker von Südengland — die Anwesenheit des Cardinals zu York
p. 106, der Anspruch Whitherns Yorks Suffragan zu sein, zwei
Briefe Alexanders an York und Durham p. 166, 188.

VI. Der Streit zwischen York und Canterbury ist ausführlich
von Benedict behandelt p. 104, 111, 119 und zwar in Yorks Interesse:
so werden die Ansprüche auf mehrere Diöcesen des Erzsprengels
Canterbury p. 89 erwähnt; mehrere Suffragane Yorks kommen vor;
die Beleidigung des Roger von Pont l'Évêque wird mehr dessen
Gegner zur Last geschoben und von diesem erwähnt, er habe den
Legaten bestochen (p. 112 ff.).

VII. Bened. hatte in York gute Bekannte : dem 1177 auf dem Canal ertrunkenen Schulmeister Robertus Magnus von York gibt er lobende Attribute, wie sie bei ihm sehr selten sind (p. 195), und hiermit mag zusammenhängen, dass er über das Schicksal des Adam, eines Clerikers von York und Vertreters von Rogers Neffen, der Heinrichs III. Kanzler war, so ausführlich ist (p. 122). — Schliesslich nennt er unter den wegen Forstfrevels gestraften Geistlichen (et etiam clericos Eboracisiriae) nochmals besonders et etiam clericos ecclesiae Sancti Petri Eboracensis. 1. 99. – Dies letztere namentlich scheint mir auf Beziehungen des Verfassers zu York hinzuweisen.

2. Richard nicht Verfasser der sog. Leges Edwardi Confessoris.

Noch ein anderes hochwichtiges Werk ist Richard zugeschrieben worden : Nicolson [1]) glaubt, er sei Verfasser der sog. Leges Edwardi Confessoris [2]), und der gewissenhafte Herausgeber, Schmid, hat dies nicht ganz von der Hand gewiesen.

In Wahrheit ist nicht daran zu denken.

I. Der Styl im Dialogus ist ein durchaus anderer als in den sog. Leges Edwardi.

II. Der Autor müsste alle Verfassungsänderungen seit mehreren Jahrzehnten ausgeschieden haben. Richards historische Kenntniss reicht dazu nicht aus.

III. Von grellen Widersprüchen sei hier erwähnt :

1) das Dänengeld ist nach dem Dialog vor Wilhelm jährlich gewesen und hat 2 sh. per hida betragen, ist nach ihm aber nur selten erhoben worden [3]). Dagegen die Leges sagen, es betrug 12 d., wissen nichts von einer Aufhebung und behaupten, die Kirche sei bis zu Wilhelm II. davon frei gewesen.

---

[1]) Wilkins, Leges Anglo-Saxonicae fol. 1721 p. XVI.

[2]) Bester Abdruck bei Schmid, Gesetze der Angelsachsen (1858) p. 491. — Die Vergleichung in der Anmerkung mit Lambard ist nicht immer genau. Statt Savile's Ausgabe des Hoveden muss jetzt die Stubbs'sche collationirt werden.

[3]) D. S. p. 203. L. L. Edwardi c. 11.

2) Nach dem Dialog hat der Eroberer ein geschriebenes allgemeines Recht durch Auswahl aus den drei Theilrechten und Hinzufügung normannischer Gesetze hergestellt [1]); nach den Leges dagegen zuerst die Danelage allein gebilligt und erst auf Bitten der Engländer eben diese Leges des Bekenners angenommen.

3) Nach dem Dialog können erst nach dem Tode des Wucherers seine Mobilien und nur diese confiscirt werden [2]). Weit vortheilhafter war des sog. Edwards Bestimmung : jeder Wucherer sei geächtet.

Excurse.

a. Die Leges Edwardi ohne Beziehung zu Glanvilla.

Die älteste Handschrift der Gesetze ist die des Roger von Hoveden (ed. Stubbs, 1869. II. p. 219 ff.). Er sagt p. 215: . . . Henricus (II.) . . constituit Rannulfum de Glanvilla summum justitiarium totius Angliae; cujus sapientia conditae sunt leges subscriptae, quas Anglicanas vocamus. Hierauf folgt „quid Willelmus constituit", nämlich 10 Constitutionen des Eroberers in der kurzen alten Form; alsdann die angeblichen, von demselben bestätigten Leges Edw. Conf.; hierauf ein kurzes Glossar; endlich Glanvillas Tractat; und schliesslich zwei Assisen; nachher geht die Erzählung von a. 1180 weiter.

Auf diese Anordnung stützt sich die Meinung, die L. L. Edwardi ständen in Beziehung zu Glanvilla.

Hoveden sagt, Glanvillas Buch habe „Leges Anglicanae" geheissen. Gerade diesen Titel legt sich der Tractat in der Einleitung bei. Hätte man dies beachtet, so konnte man nicht gut an Glanvillas Autorschaft am Tractat zweifeln.

Aber vielleicht konnte „Leges anglicanae" der Titel mehrerer Bücher sein?

Jedenfalls wusste Hoveden, welche dem Glanvilla zukamen, und es kommt nur darauf an, ihn richtig zu verstehen. — „Leges condere" (welches im Dialog p. 236 geradezu „Gesetze geben" bedeutet) bezeichnet gewiss mehr als eine bloss antiquarische, rechtshistorische Arbeit; und eine solche wäre es, wenn Glanvilla das Wilhelm und das Edward zugehörige Rechtsmaterial gesondert aufge-

---

[1]) D. S. p. 208. L. L. Edwardi c. 34.
[2]) D. S. p. 229. L. L. Edwardi c. 37.

zeichnet hätte. Noch auch kann leges condere ein einfaches Abschreiben bedeuten, zu dem ja auch keine sapientia gehört. Folglich dachte Hoveden nicht daran, alle jene Theile mit Glanvillas Namen zu verbinden.

Es kann sich also nur um die Leges Edwardi und den Tractat handeln.

Zunächst steht soviel für uns fest, dass die Leges und der Tractat nicht von Einem Verfasser sind. Der letztere ist juristisch, systematisch, präcis. Die Leges, halb erzählend, ungeordnet, ungenau, widersprechen ihm (c. 7, 16, 3) betreffs der Behandlung der Erben von Wucherern (c. 37), der Bestrafung von Friedensbruch (Glanv. 1. 2 gegen Edward c. 27) und kennen weder Zweikampf noch Jury. — Hieraus folgt, dass Hovedens Namengebung sich entweder auf die Leges oder den Tractat beziehen muss. Da aber von letzterem auf den ersten Blick die Entstehung am königlichen Gerichtshof Heinrichs II. feststeht, und in ihm die Nichtexistenz eines früheren englischen Rechtsbuches behauptet wird, so müsste das Werk des Oberrichters dem seiner Behörde widersprochen haben und unbekannt geblieben sein, wenn Glanvilla die Leges Edwardi verfasst hätte!! Letzteres hatte noch Phillips l. c. I. 223 gemeint. Auch Stubbs' Ansicht (Constit. II. p. 491 uud Hoved. II. 223) „die (bei Hoveden) vorliegende Redaction (draught) der Leges Edwardi wurde wahrscheinlich . . . durch Glanvill gemacht" ist, glaub' ich, hiermit abzuweisen. Form und Inhalt ist an ihnen klerikal.

Die Zusammenstellung der Stücke bei Hoveden muss also als rein zufällig gelten : hat er sie auch vielleicht schon in seiner Vorlage so gefunden, jedenfalls existirte das Original des Rechtsbuchs separat.

b. Glanvilla ist Verfasser des Tractatus de legibus Angliae.

Für Glanvilla's Autorschaft am Tractatus spricht ja ferner die traditionelle Ueberschrift (über deren Alter ich keine Notiz fand) bei Phillips l. c. 335; die unbezweifelte Entstehung in der Curia Regis, d. h. unter G.'s Augen; ferner die mehrfache Erwähnung von G.'s Namen in den Urkundenformularen. —

Der Einwand, dass das Werk einem Laien nicht zuzutrauen, ist hinfällig : Ranulfs Vorgänger, Graf Leicester, war nach D. S. p. 204 litteris eruditus, und Giraldus nennt Ranulf (De instructione Principis 3. 12) „sapiens et eloquens" und legt ihm Geschichtskenntniss bei.

Uebrigens ist sehr unwahrscheinlich, dass er das Buch eigenhändig geschrieben habe — hatte er doch ¡Cleriker genug bei der Hand — er selbst klagt über scribentium ignorantia. Von einem dieser letzteren kann selbst die Form ganz besorgt sein, ohne dass dies der Ueberschrift und Hovedens Ausdruck widerspräche. —

Die Vollendung des Werkes muss zwischen November 1187 und Juli 1189 fallen; nicht, wie Phillips l. c. I. 234 irrig rechnet, nach 1188 — so dass auch darin kein Anstoss liegt. —

Lassen wir also dem Rechtsbuch seinen berühmten Namen!

· Auch die Entstehung der „Gesetze Edwards des Bekenners" gelingt es vielleicht, näher zu bestimmen.

c. Die Leges Edwardi Confessoris unter Heinrich I. entstanden.

Mehreren Handschriften der Leges ist eine Genealogie der normannischen Herzöge angehängt : so der von Lambard (Archaionomia, a. 1568 fol. 141) abgedruckten und der von Hoveden (II. 239) benutzten. Letztere reicht bis Johanns, erstere bis Wilhelms II. Tod. Früher als mit diesem endet keine sonstige Fassung, wohl aber andere eben dort oder kurz nachher (Hardy, Descr. Catal. 2. 265).

Die Fassung Hovedens ist gegen die Lambards mehrfach verderbt (z. B. „Robertus (II.) cupiens Edwardum (III.) in regnum restituere cum classe pontum ingressus ... revertitur" corrumpirt Hoveden in: substituere und cum classe imponunt regressus ..).

Ferner hat Hoveden, oder besser seine Vorlage, historische Einschiebsel des Originals gekürzt. Denn dass nicht etwa Lambards M. S. später als Hoveden interpolirt ist, folgt aus dieser Stelle: (Edwardus III. Willelmum) . . . „haeredem instituit. Sed et comitem Haraldum post eum misit et" (sc. Haraldus) „de regno . . . ei fidelitatem juravit. Defuncto Edwardo Haroldus . . regnum invadit". Wogegen Hoveden sinnlos kürzt: „constituit haeredem. Sed et comitem Haraldum post eum misit et regnum invasit".

Ist somit Lambard's Fassung dem Original näher als Hoveden's, so haben wir keinen Grund zum Verdacht gegen ein anderes Einschiebsel bei Lambard, das Hoveden fehlt.

Wann ist aber die normannische Genealogie entstanden? Doch wohl nicht nach 1135. Denn erstens würde der Genealog den damals lebenden Heinrich I. aufgeführt haben — wie es seine späteren Fortsetzer thun — und zweitens die Reihe der Könige von Jerusalem nicht mit Balduins I. Tod (1118) geschlossen haben.

Nun gibt er am Ende eine Stelle, die zweifelsohne den Leges Edwardi c. 11 § 1 [in der Fassung Hoveden's, die dem Original schon ferner steht als die des Thorpe'schen Textes (Ancient Laws)] entnommen ist. Dass nicht etwa die Leges das Plagiat begingen, folgt aus ihrer bestimmteren Fassung (in proprio dominico) und weil die Stelle ihnen organisch verknüpft ist.

Also sind auch die Leges Edwardi unter Heinrich I. entstanden.

Ebendahin führt ein ganz anderes Argument. In der Genealogie der englischen Könige, die den Leges nicht äusserlich angehängt, sondern in sie ursprünglich hineingearbeitet ist, heisst es in allen Handschriften c. 35, § 1: „Edwardus"(Sohn Edmunds II.)... „accepit .. uxorem de qua orta est ei .... Christiana .. [cui Edwardus (Confessor) dedit terram quam habuit postea Radulfus de Limescia] propter quem misit Rex avunculus ejus. Das Eingeklammerte ist ein offenbares Einschiebsel, denn der Bekenner war nicht Ralfs, sondern des Aetheling Edward Oheim.

Sicher ist, dass die Worte in der Handschrift standen, auf die alle uns erhaltenen, in der Form und der Quantität des Interpolirten überaus abweichenden Manuscripte der Leges zurückzuführen sind. Bei der Art, wie der Autor compilirt hat, müssen wir annehmen, dass er auch diese englische Genealogie anderswoher ausschrieb. Er folgte seiner Quelle wieder nach Einschaltung jener Notiz, die mit dem Werk als Ganzem durchaus Nichts zu thun hat; ihre Existenz ist nur erklärlich dadurch, dass der Verfasser für Christine oder Ralf oder jene Landgüter ein persönliches Interesse hatte.

1086 besass Christine neben einem bedeutenden Gute in Oxfordshire (Domesday I. 160) mehrere werthvolle Ländereien einige Meilen südöstlich von Birmingham (ib. I. 244). Um dieselbe Zeit (Angelsächs. Chronik ad a. 1085) ward sie Nonne zu Romsey (S. W. von Winchester) und kamen (wohl deshalb) alle jene Güter an Ralf von Limescy. Kraft uns erhaltener Urkunden schenkte dieser den grössten Theil, sein Sohn Alan den Rest der Güter an Hertford, eine Tochterstiftung von S. Albans, ersteres geschah bei Lebzeiten des Abts Paul, also vor 1093 (Monast. Angl. 3. 300). Einige Zeit vor 1130 starb Ralf; denn die Pipe Rolle p. 60 bucht da Alans Zahlung pro terra patris sui.

Sowohl Christinen wie Ralf haben die Nachkommen gar nicht, die Zeitgenossen äusserst selten in Aufzeichnungen erwähnt; die Prinzessin erscheint auch nicht in den Schenkungs-Urkunden. Hat unser Autor sie noch persönlich gekannt, so ist die Entstehung der Leges spätestens unter Heinrich I. bewiesen. —

Sonst müsste er also Interesse für die Limeseys oder den Ort gehabt haben. An dem letzteren allein hafteten bei dem schnellen Besitzwechsel schwerlich die Traditionen über die einstige Besitzerin länger als zwei Generationen. Wenn er mitten in seine Arbeit eine

Notiz über Ralf einschob, hat er ihm gewiss persönlich nahe gestanden.

Ich glaube daher, dass wir die Leges Edwardi Confessoris in Heinrichs I. Regierungszeit setzen dürfen.

d. Ort der Entstehung.

Und erlaubt jene Notiz nicht auch einen Wahrscheinlichkeits-Schluss auf die Gegend der Entstehung?

Hertford, erst neu gegründet, hatte damals schwerlich eine Bibliothek, und ohne eine solche sind die Leges nicht entstanden. — Ebensowenig sind sie in S. Albans verfasst, da die Schriftsteller dieses Stiftes, gewöhnlich so ausführlich, ein solches Werk ihrem Kloster zum Ruhme zuzuschreiben, nicht verfehlt hätten.

Da die Schrift überhaupt gänzlich frei von mönchischen Spuren ist, wohl aber des Bischofs Rechte betont, möchte ich es einer Kathedrale in der Nähe jener Güter in Warwickshire zuweisen. Für Coventry z. B. spräche die Kenntniss der Bezirksgrenzen und Satzungen der Danolage; zugleich wäre der Hass gegen letztere durch die Grenznachbarschaft erklärt.

e. Verderbtheit des Hoveden'schen Textes.

Auf eine frühe Abfassung deutet auch die, bereits arge, Corruption des Hoveden'schen Textes, die nachweislich durch mehrere Hände entstand. Obwohl die Hk- und S-Handschriften (nach Thorpes Bezeichnung) nach 1200, der ungefähren Zeit der Hoveden'schen Handschrift (Stubbs Vorr. I. LXXIV), entstanden sind, sind doch beide dem Original näher. Beweis dafür ist

a) Die Form. 1. Auf nur 18 Octavseiten ist in mehr als 35 Fällen die Anknüpfung „Et" oder „Et si" durch Relativ-, Participial-, oder Conjunctionsverbindung vertilgt.

2. Hovedens angelsächsische Formen sind abgeschliffener.

3. Finden sich offenbar spätere Wortumstellungen, Abänderungen, weitere Ausführungen bei Hoveden: (die Paragraphen nach der Schmidschen Columne) z. B. Praef. c. 1. pr. — c. 2 § 9. — c. 8 § 2. — c. 10 § 1. — c. 11 § 1 Ende. — c. 28 Ende. — c. 27 Ende. — c. 34 Pr. — besonders c. 34 § 3. — c. 35 § 2. — c. 36 § 1. — und c. 39 Ende.

b) Inhalt. c. 5 § 3. — c. 12 § 5. — c. 17 pr. — c. 17 § 1. — (Stulte, propheta.) — c. 17 pr. (revereatur). — c. 18 § 2 (prisonia und Fortlassung der Negation). — c. 25 (octo statt XVIII). — c. 30

(Alii oder Angli vocant wapentagium). — c. 35 § 1 Ende (Edeling
statt Hinderling). — c. 35 § 2 (Estigurti statt Tosti Gurti). — Diese
zum Theil absichtlichen Entstellungen sind nicht Roger zuzuschreiben, sowohl nach seiner ganzen Art, Urkundliches, Legales zu co-
piren, als besonders nach der genauen Abschrift der Constitutiones
Willelmi, dicht vor den Leges Edwardi, zu schliessen.

Uebrigens besitzen wir noch eine, nach äusseren Merkmalen
vor 1180 geschriebene Rawlinson-Handschrift der Leges. Sie ist ungedruckt. Stubbs (Hov. II. XLVII.) sagt, sie stehe Hk am Nächsten.
Immerhin zeigt das ib. citirte Wort Kingesachanseldegrid, dass sie
weder Original ist, noch den originalen Sinn verstehen konnte.

IV. Inhalt und Form des Dialogs.

Haben wir bisher versucht, dem Schriftsteller näher zu treten, so sei es hier erlaubt, die Benutzung des „Zwiegesprächs vom Exchequer" durch eine gedrängte Analyse des Werks und einige Bemerkungen über die Einkleidung und den Styl zu erleichtern.

A. Inhaltsanalyse.

Ein Wegweiser durch den Dialogus wird dem Leser um so willkommener sein, als des Verfassers Absatzüberschriften und Capiteltitel sich nicht immer mit dem Inhalt decken und sehr ungleich vertheilt sind. Die Editoren haben, wo ein ganz neuer Gegenstand beginnt, kein Alinea gemacht, und Stubbs lässt auch Madox' Zusammenstellung der Ueberschriften weg.

Im Nachfolgenden sind die römischen Ziffern die des Originals, die arabischen die Seitenzahlen bei Stubbs II. Edit.; die ursprünglichen Ueberschriften sind beibehalten und möglichst kurz ergänzt : den Inhalt erschöpfen, hiesse den Dialog übersetzen.

Praefatio. Der von Gott eingesetzten weltlichen Gewalt 168 muss Jeder gehorchen. Ihr darf auch der Geistliche dienen. Sie ruht auf den Einkünften, und wenn der König diese meist ohne 169 festen Rechtstitel zieht, so ist sein Thun dennoch vom Unterthanen nicht zu bekritteln.

Verf. widmet sein Werk „über die nothwendigen Regeln des Exchequer" dem König.

Liber I. Der Verf., im 23. Jahr Heinrichs II., im Exchequer von 170 einem Beamten mit Fragen über die Behörde bestürmt, lässt sich mit ihm, nach manchem Bedenken, auch wegen der Vulgärausdrücke, in ein Zwiegespräch ein.

I. Quid sit scaccarium et quae ratio hujus nominis. 171 Der Name stammt von der Aehnlichkeit des Zahltisches mit

einem Schachbret und der der Abrechnung mit einer Schach-
partie zwischen Schatzmeister und Sheriff, während die anderen als Urtheiler beisitzen.

Schatzmeister und Kämmerer sind collectiv für die Casse
verantwortlich.

II. Quod aliud est inferius, aliud superius (sc. scacca- 172
rium); una tamen origo utriusque.

III. Quae sit ratio vel institutio inferioris per singula
officia. Die Beamten des unteren Exchequer werden auf-
gezählt.

Collectiv nur ist die Cassenöffnung möglich.   173

Historische Bemerkungen über die Entwicklung des englischen Münzwesens zur Einheit.

Verf. bespricht die Art der Aus- und Einzahlung; die Fälle, 174
wo Geld als schlecht abzuweisen sei.

Die Gehalte der Subaltern.   175

IV. Quae sit auctoritas superioris et unde sumpsit 176
originem. Der Exchequer „soll" vom Eroberer nach nor-
mannischem Muster errichtet sein. Dass schon früher die
Firma fixirt war, ist kein Gegenbeweis.

Der Exchequer bildet ebenso wie die Curia Regis höchste
Gerichtsinstanz.

Er hat auch ausserordentliche Beisitzer für schwierige 177
Rechtsfälle; denn die blosse Abrechnung ist das Leichteste.

V. Quid sit officium Praesidentis et omnium illic
ex officio residentium; et quae dispositio sedium.
Verf. beginnt mit dem Capitalis Justiciarius und nennt die
Beamten der Reihe nach, bei einzelnen auch kurz ihr Amt. 178

Am Schluss weist er auf die Controlle der Buchung.   179

Quid ad Cancellarium. Die Siegelbewahrung, die
Kanzleirolle und deren Verhältniss zur Schatzrolle werden
durchgegangen.

Quid ad Constabularium. Er hat mit dem Präsiden- 180
ten die königlichen Brevia als Zeuge zu unterfertigen.   Er
löhnt die Söldner und Thierwärter.

Meist ist er um die Person des Königs.

Quid ad Camerarios. Ihr Amt ist eng mit dem des
Schatzmeisters verbunden.

Quid ad Mares callum. Er bewahrt die Cassenbelege.

Er verhaftet Insolvente.   181

Er nimmt den Sheriffs den Eid auf gewissenhafte Ablieferung der Einkünfte ab.

Er versendet die Vorladungsschreiben.

Quid ad Factore'm Talearum. Ein Diener der Kämmerei schneidet die Quittungs-Kerbhölzer.

Diese werden nur zu Michaelis gebucht, nicht Ostern.

Beschreibung der Taleae : die eine lange, legitima, ist die Quittung für die ganze Summe, die andere kurze, Memo- 182 randa, betrifft das Aufgeld, wodurch dem Einzahler die Einschmelzung des Geldes zu reinem Silber erspart wird (Combustio).

Quid ad Calculatorem. Mittelst der Rechensteine 183 nimmt er auf den Rechenfeldern, deren obere Reihe Debet, deren untere Credit bedeutet, die Addition oder Subtraction laut vor. Gleichen sich beide Reihen aus, so ist der Einzahler quitt.

Der Schüler vergleicht den Stein und sein Steigen dem Menschen und seinem Glück; der Lehrer deutet auf geheimen Sinn der Erscheinungen am Exchequer hin.

Quid ad Clericum, qui praeest scriptorio. Er be- 184 sorgt geeignete Schreiber.

Quid ad Pictavensem Archidiaconum nunc Wintoniensem Episcopum. Dieser, Richard von Ilchester, wird hoch gerühmt und seine Wichtigkeit erhoben.

Der Verfasser beschreibt ein eigenes früheres Werk, den Tricolumnis.

Jener Richard controllirt den Schatzmeister, was aber 185 keine Beleidigung für diesen ist.

Quid ad Thesaurarium. Seine Amtspflicht ist fast unaussprechlich gross. Besonders geht ihn die Abrechnung an und die Buchung der Schatzrolle, die das Hauptbuch darstellt und daher nur unter bestimmten Umständen corrigirt werden darf.

Quid ad Scriptorem Thesaurarii. Verf. beschreibt 186 die Pergamentart und das Formular einer Schatzrolle.

Hierbei geht er die einzelnen Posten, Debet wie Credit, durch.

Er erklärt den Unterschied und die Etymologie von firma 187 und census.

In allen Patent-Rollen ist Rasur verboten.

Die Gehalte der Schreiber werden erwähnt.

Quid ad Scriptorem Cancellariae. Er copirt die Schatzrolle und schreibt die Auszahlungs-, Creditirungs- und Schulderlass-Breven und die Vorladungen.

VI. Quis sit tenor Brevium Regis factorum ad Scacca- 188 rium, sive de exitu Thesauri, sive de computandis, sive de perdonandis. Auszahlung geschieht nur auf Breve hin. Von diesem behält die Kanzlei eine Abschrift.

Verf. giebt die Formulare für diese Brevia, die nach der Einlösung der Marschall verschliesst. Bei Abwesenheit des Königs gehen sie im Namen des Capitalis Justiciarius.

Quid ad Clericum Cancellarii. Er beaufsichtigt sei- 189 nen Schreiber, controllirt des Sheriffs Entlastung durch die Rolle des Vorjahres und verliest die einzelnen Debetposten aus der Vorladung. Er beaufsichtigt die Copien der Writs und corrigirt und siegelt die Vorladungen.

Quid ad Clericum Constabulariae. Er erscheint mit den Copien der an der Curia ausgefertigten Brevia zu den Exchequerterminen.

Er besorgt mit dem Constable die Soldzahlung, meist jedoch durch einen Vertreter.

Quid ad Brunum. Er hat wegen besonderer Tüchtig- 190 keit eine Ausnahmestellung und verzeichnet „Reichsrecht und des Königs Geheimnisse" am Exchequer.

Ein Thronwechsel hat ihn aus seiner hohen Stellung in Sicilien vertrieben.

Quid ad Militem Argentarium, — er prüft das 191 Geld nach Gewicht und Metall.

Quid ad Fusorem. Die Regeln beim Schmelzverfahren, das Gehalt des Schmelzers, der Zweck werden erörtert.

Verf. erklärt, weshalb die Münze schlecht sei. Ist der 192 Realwerth mehr als $2^{1}/_{2}$ % unter dem Nominalwerth, so gilt das Geld als falsch, früher sogar als einfach zu confisciren, und der Münzer als strafbar.

Einige kleine Gehalte werden ohne Breve bezahlt. 193 Prüfer und Schmelzer helfen auch den Zählern.

VII. Aquibus vel ad quid instituta fuerit 'argenti examinatio. Verf. berichtet über die alten Naturalabgaben nach der Eroberung, welche bis zu Heinrich I. bestanden, ihre Verschiedenheit nach den Grafschaften, ihre Taxirung und Umwandlung zu Geldabgaben durch Reise- 194 richter (firma comitatus.)

Zur Vermeidung von Verlust durch leichte Münze fordert der Fiscus $2^{1}/_{2}$ % Aufgeld oder creditirt nur nach Gewicht.

Verf. preist Roger von Salisbury allseitig, namentlich als Kenner des Exchequer, nennt sich seinen Schüler und

schreibt ihm die Einführung [1]) der Metallprüfung zu, die ein 195
Vortheil auch für das öffentliche Wohl ist.

Einige Grafschafts-Pachten sind noch von der Münzprüfung frei.

Quid ad Ostiarium Superioris Scaccarii. Dieser ist zugleich Pförtner der geheimen Rathskammer, deren Zweck und exclusive Benutzung beschrieben werden. 196

Er gibt die Vorladungen ab, ruft zum Exchequertisch und hält die Zimmer ordentlich.

VIII. Quae sint jura et dignitates residentium ad Scaccarium ratione sessionis. (Die Entschuldigung der Vulgärsprache wird wiederholt.)

Königlicher Dienst bildet eine Entschuldigung vom Ge- 197
richtstermin, doch nur, wenn beide zeitlich genau zusammenfallen.

Die Barones Scaccarii haben an ferneren Privilegien: Zollfreiheit und besonderen Schutz gegen Verbal-Injurien. Ihre 198
Streitigkeiten [2]) unter einander werden durch den Präsidenten oder den König selbst entschieden. Sie sind ferner frei von der Communis assisa (welche erklärt wird) für ihre Domänen und ausgeliehenes Land, vom murdrum, Schildgeld und Dänengeld. Alle diese Steuern dürfen sie aber auch nicht von den Hintersassen einziehen. Ein halbjähriger 199
Sitz am Exchequer befreit für das ganze Jahr von Steuern. Diese Befreiung wird gebucht, als geschähe sie durch Breve.

Verf. hat darüber Nigel von Ely befragt, den er als Reformator des Exchequer und auch sonst hoch rühmt. Dieser erzählte von einer temporären Aufhebung des Privilegs und 200
Wiedereinführung durch Breve. Daher der Name noch heute: „in perdonis per brevo".

Auch geistliche Stifter sind neuerdings (von Michaelis 1178 an) vom jedesmaligen Vorzeigen des Immunitätsbreve entbunden.

---

[1]) Madox Meinung, Richard denke nur an die Einführung eines festen Aufgeldes unter dem Namen Combustio ist nach D. S. p. 176 nicht haltbar; vielmehr liegt hier wirklich ein Irrthum Richards vor da er Roger als Erfinder der Prüfung hingestellt wissen will. Derselbe hat vielleicht aber den Brauch wirklich allgemeiner gemacht. Uebrigens ist Richards Erzählung betreffs der Chronologie unklar.

[2]) Worunter zunächst persönlicher Zank zu verstehen ist, schwerlich wie Stubbs, Const. H. 603 will, Finanz- oder juristische Fragen.

IX. Quid Scutagium ¹) et quare sic dictum. Die Ein- 201
führung der Soldheere bezweckt Schonung der Landeskinder.

X. Quid Murdrum et quare sic dictum. Zur Verhü-
tung der agrarischen Morde aus Racenhass muss die Hundertschaft, in der ein Normanne ermordet worden, falls der
Thäter unentdeckt bleibt, hohe Busse zahlen.

Verf. bemerkt die beginnende Verschmelzung der Racen. 202
Er bewundert die milde Behandlung der eingeborenen
Grundbesitzer — auch der Magnaten — nach der Eroberung.
Die Angelsachsen, die gegen Wilhelm gekämpft, verwirk-
ten ihre Güter; die anderen wurden Pächter der Norman-
nen und als solche vom König gegen den Adel geschützt.

XI. Quid Danegeldum et quare sic dictum. Das Dä- 203
nengeld bestritt ursprünglich die Kosten der englischen Kü-
stenwache gegen die Dänen; jede hide zahlte 2 sh. jährlich.
Unter den Normannischen Königen hörten die Angriffe auf,
und seit dem wird selten Dänengeld auferlegt. Exchequer-
barone und Sheriffs für ihre Domänen sind frei davon.

Der Begriff „Domäne" und das Recht des Herrn über die
Leibeigenen werden erörtert.

Nur von den, vor 1135 geschehenen Essarten (Waldlich- 204
tungsstrafen) sind Exchequerbeisitzer frei. Denn solche sind
schon nicht mehr wie Strafgelder, sondern der Communis
assisa analog zu behandeln.

Als Präcedenzfall wird angeführt, dass Nigel der Bischof 205
von Ely, eine Pipe Rolle zum Beweise herangezogen und
hierauf Graf Robert von Leicester von dem ihn persönlich eximirenden Breve keinen Gebrauch gemacht habe,
vielmehr als Exchequerbeisitzer sich das essartum erlassen
liess.

Verf. hat später für Nigel als dessen Vertreter dieselbe Befreiung beansprucht und das seinen Leibeigenen durch den Fiscus abgenommene Geld ihnen wiedergegeben.

Uebrigens entspricht diese Exemtion dem Willen des Fürsten; und diesem direct, nicht dem Reichsrecht unter- 206

---

¹) Man setzt gewöhnlich seine Einführung in den Beginn der
Regierung Heinrichs II.; Stubbs, Constitutional Hist. 454. Doch behauptet die Historia Eliensis (Angl. Sacr. I. 616), schon Heinrich I.
habe dem Bischof Hervey das Scutagium erlassen. Sie ist freilich ein
halbes Jahrhundert später geschrieben, hat aber sonst gute Kunde
über die materielle Lage des Stiftes. — In Heinrichs I. Pipe Rollen
konnte Swereford kein Scutagium finden. Madox I. 179 b.

steht alles, was den Forst betrifft. Denn die Jagd ist seine Erholung von Regierungssorgen.

XII. Quid Regis Foresta et quae ratio hujus nominis.

XIII. Quid Essartum, et quare sic dictum. Die Fällung von sechs Bäumen bei einander, auch ,wenn im eigenen Wald geschehen, ist ein straffälliges Vastum. Verf. weist an des Königs Gnade, dem er höchlich schmeichelt. 207

XIV. Quod Thesaurus interdum dicitur ipsa pecunia, interdum locus in quo servatur. Neben dem Baarschatz ruht das Archiv und das Siegel des Reiches in der Schatzkammer.

XV. Qui sit usus Sigilli Regii quod est in Thesauro.

XVI. Quid Liber Judiciarius, et ad quid compositus. 208 Diese Mittheilungen hat Verf. von Heinrich von Winchester. Wilhelm I., im Begriff das englische Recht aufzuzeichnen, liess sich die drei alten Particularrechte vorlegen und fügte ihnen neustrisches Recht hinzu. Darauf liess er das Domesdaybook aufnehmen. Dieses wird beschrieben und der Name und die Bedeutung als Reichsgrundbuch erörtert.

XVII. Quid Hida, quid Centuriata, quid Comitatus, 209 secundum vulgarem opinionem. Nach Mittheilung der Bauern umfasste die hida ursprünglich 100 acres, das hundred einige hundert hiden, doch nicht fixirt, daher in altenglischen Königsurkunden der Name centuriata. Der comitatus zerfällt in hundreden.

Comes heisst der Empfänger des dritten Strafpfennigs als „Genoss" des Fiscus'; vicecomes ist sein Vertreter (sic!). Doch hängt die erbliche oder persönliche Verleihung jenes Einkommens vom König ab.

XVIII. Quid Rotulus Exactorius. Er enthält die Pachtsummen für jede Grafschaft.

Liber II. Der Lehrer lobt Wissenschaft und Arbeit; er, wie der 210 Schüler sind trotz einbrechender Dämmerung zur Fortsetzung des Gesprächs bereit.

I. Fiunt autem summonitiones ut Scaccarium fiat. Beisitzer und Schuldner werden persönlich geladen.

Letztere brauchen nur das zu zahlen, was in der Summonition steht. ausser zufälligen Gefällen.

Qualiter Summonitiones fiant. Die Vorladung, de- 211 ren Schema ¹) Verf. gibt, enthält die von den geheimen Rä-

---

¹) Des Verf. ausdrückliche Erklärung, vel quandoque subdis-

then taxirten Schuldposten nach der Rolle des Vorjahres und
der der Reiserichter.

Eine früher übliche Clausel, welche die Steuerbezirke 212
zur Vermeidung von Betrug einander verband, ist, da diese
Verbindung bereits gewohnheitsmässig feststeht, jetzt über-
flüssig.

II. Quae sit differentia summonitionum utriusque 213
termini. Zu Ostern findet nur eine Durchsicht der Conten, keine Buchung als (etwa die der Memoranden des
Schatzmeisters und) die der Halbjahrs-Pachtzahlung statt.
Zu Michaelis wird die volle Jahrespacht eingefordert,
für die Hälfte zeigt dann der Sheriff die Oster-Quittung
vor.

Die Vorladung darf, als Patent-Rolle, nicht corrigirt werden.

Schutz gegen Aenderung durch den Empfänger bieten an- 214
derswo eingetragene Notizen. Früher nahm auch Richard
von Winchester von jeder Vorladung Copie, was bei Häufung
der Geschäfte jetzt unmöglich geworden ist.

Ex quibus Summonitiones fiant. Heinrichs II.
Ruhm wird gepriesen, besonders der Sieg über die aufstän- 215
dischen Söhne und die Milde gegen die Besiegten. Verf.
weist nochmals auf den Tricolumnis.

Nach dem Frieden richtete der König sechs Circuitus von
Reiserichtern ein. Sie sind dem Volke ein Segen. Ihre
Reisenotizen über auferlegte Strafgelder dürfen sie selbst 216
später nicht ändern und haften für deren Betrag.

III. De agendis vicecomitum multipliciter. Verf. erklärt die Androhungsclausel in der Vorladung für den Fall
des Ausbleibens des Geladenen und die Strafsummen für Ver- 217
säumniss.

Nach drei Tagen verfallen nach altem Gewohnheitsrecht
die Mobilien des Ausbleibenden der königlichen Gnade,
nach vier sogar seine Person wegen Majestäts-Verachtung.
Doch meint Verf., der andere Strafmodus von 5 £ für jeden
Tag Versäumniss entspreche mehr der Milde des Königs.

Er erwähnt dann die Ausgaben des Sheriffs für die königliche (Privat-) Kammer, öffentliche Bauten u. s. w.

IV. Quibus de causis absentia Vicecomitum serva- 218
tur indemnis. Das geschuldete Geld kann der Sheriff
durch Andere senden; einer muss ein ihm nahe Stehender

---

junctive poni statt et, ist die Lösung für das Verständniss des berühmten Art. 39 der Magna Carta.

sein; nicht alle dürfen Geistliche sein, weil es nicht geziemt, solche wegen Geldschuld zu verhaften. Um sich bei der Abrechnung vertreten zu lassen, bedarf der Sheriff 219 noch besonderer Erlaubniss, wenn er nicht durch Krankheit, Familien- oder Lehnsverhältnisse entschuldigt ist.

Der König kann auch Hintervasallen in seinen Dienst ziehen.

Die Abrechnung (am oberen Exchequer) erfolgt erst nach 220 der Einzahlung und Prüfung der Baarbeträge; der Sheriff ruft dazu die direct Einzahlenden seiner Grafschaft zusammen.

Die stehenden Auszahlungen und Exemtionen für Kirchen, Adliche u. s. w. werden, falls ungeändert, nach der Rolle des Vorjahres copirt.

V. Quid sit quosdam fundos dari blancos quosdam numero. Blancus [1]) heisst ein Gut, das mit Gerichtsbarkeit vom König zunächst nur persönlich verliehen ist.

VI. Quae sint constituta Vicecomiti computanda, 221 eleemosynae scilicet et decimae, liberationes utriusque generis et terrae datae. Die eine, feststehende Art der Auszahlung betrifft milde Schenkungen, Gehälter und Pensionen; die andere Zahlungen durch den Sheriff auf Brevia hin oder:

VII. Quae sint per solam consuetudinem scaccarii 222 computanda, hoc est sine brevi. Dazu gehören: Kosten für Gerichtsbarkeit (justitia von judicium technisch unterschieden): z. B. für probatores regis, deren Wesen erklärt wird und für Henker, ferner für Transport des Schatzes, für 223 königliche Domänen, Weinberge u. dgl.

VIII. Quo ordine computanda sunt Vicecomiti quae in operibus missa sunt per brove regis numero non determinans. Für Burg- und Hausbau giebt der König Brevia an den Sheriff zur Auszahlung der nöthigen, nicht fixirten Summe. Soviel dieser angiebt, dafür ausgegeben zu haben, wird ihm auf den Eid einiger Aufpasser hin gut geschrieben.

IX. Quod non absolvitur quis a debito per breve Regis numerum non exprimens, etiamsi causam determinet. Hierauf kehrt Verf. zur Abrechnung zurück: die Hauptpacht bleibt bis zuletzt offen. Zunächst wird die 225 vorjährige Pacht verrechnet, dann folgt das Conto:

X. De excidentibus et occupatis, quae usitatius dicimus de purpresturis et escaetis. Purprestura

---

[1]) Vgl. Pipe Roll a. 1156 p. 57 Leges Henrici l. c. 19.

heisst das nach Spruch der Rügejury widerrechtlich occupirte Domänenland (Ueberfang). Der Ueberfänger selbst 226 ist strafbar, aber seinem Erben wird bloss das Occupirte weggenommen.

Escaeta heisst heimgefallenes Lehngut; „cum haerede", falls der verstorbene Tenens in capite Kinder hinterlässt, die während der Minderjährigkeit des Königs Mündel sind. Später erlangt der Erstgeborene das Lehn bald mit, bald ohne Geldzahlung. Vom Lehnsherrn verschenkte Leibrenten wer- 227 den auch nach seinem Tode weiter gezahlt.

Das Anfallsgeld aller Kronvasallen [1]) richtet sich nach des Königs Belieben, das von Aftervasallen augenblicklich confiscirter Baronien beträgt 5 £. per Ritterlehen. Wenn man einige Jahre die Einkünfte eines Lehns während Minderjährigkeit des Erben gezogen hat, darf man kein relief fordern [2]).

Zu einer andern Art von Heimfall gehört sämmtliche 228 Habe eines verbrecherischen Kronvasallen und die bewegliche jedes von der Assise verurtheilten Hintersassen.

Zu diesem Conto gehört Schatzfund und beweglicher Nachlass eines Wucherers, auch eines geistlichen. Denn Geistliche haben höhere moralische Verpflichtung als Laien. Bei Lebzeiten verfällt der Wucherer geistlicher Strafe, 229 erst sein Nachlass wird, falls die Kirche nicht reclamirt, confiscirt. Es giebt zweierlei Wucher: Geldzins und Nutzung eines Grundstücks, so lange das Capital unbezahlt ist. Stirbt in letzterem Falle der Gläubiger, so wer- 230 den seine Mobilien confiscirt; der Schuldner erhält das Grundstück zurück, aber die ganze Capitalforderung geht auf den König über. —

---

[1]). Auch das der Ritter qui tenent in capite ist noch nicht fixirt auf 5 £. Das geschah erst durch Magra Carta 2. (gegen Stubbs Const. II. p. 383 u. Gneist Gesch. des Verw. p. 184. Ersterer führt irrig einen Aftervasallen an). — Beispiele für willkürliche Relevia: Für 10 feoda 40 Mark a. 1130 (nach Madox I. 638 k. und Pipe Roll p. 39); Ao 1190 p. 44 ein Relevium von £ 8. 10. — (Diesem würde bei dem 5 £. Satz ein Besitz von 1^7/$_{10}$ Ritterlehen entsprechen, was gewiss nicht vorkam); — 100 Mark für 15 feoda (Pipe Roll 1156 p. 17). — Vgl. Glanvilla IX, 4.

[2]) Dies geht aber nur auf Afterlehen, über die Verf. von „Si vero decesserit"... an spricht. Für Kronvasallen setzte es erst die Magna Carta c. 3. fest (gegen Stubbs ib. p. 533). Dass der Dialog auch hier des Königs Willkür aufrecht erhält, folgt aus p. 226 „Cum enim haeres..." und p. 227 „Quod ei minor..."

Verf. sucht zu vertheidigen, dass die beweglichen Güter der vor den Assisen verurtheilten Leibeigenen zum
Nachtheil ihrer Herren confiscirt [1]) werden.   231

Er erörtert dann die verschiedene Behandlung der Habe
von Dieben und Räubern (Erklärung von „utlagatus" und
„prosolta").

XI. De censu nemorum. Die Erpressung der Forstein- 232
künfte soll durch Zehntzahlung an die Kirche gut gemacht
werden. —

Alles Bisherige waren jährliche Einkünfte; jetzt folgen die
Conten:

XII. De Placitis et Conventionibus; quo ordine de
his compoti fiunt, cum exacta solvuntur. Hier
verantwortet jeder Schuldner sich selbst, im Gegensatz zu
den allgemeinen Steuern, dem Dänengeld und den Mord-
bussen, für deren Eintreibung der Sheriff haftet. —   233

Immunitätsprivilegien erkennt der Exchequer nur an, wenn
sie specialisirt sind. —   ,

Dass bei Insolventen der Sheriff nach Mobilien vergeblich
geforscht habe, muss er beschwören.

XIII. De distinctione personarum quae solvendo non 234
sunt; de quibus a Vicecomite fides offertur, et
sub quo tenore verborum fides detur. Gegen zahlungsunfähige Ritter, Freie und Bauern geht der Fiscus nur
mit Execution der Mobilien vor; dagegen Städtern werden
auch die Grundstücke gepfändet, weil sie leicht ihr Geld
verbergen können. Letzteres gilt, wenn von den Reiserich- 235
tern eine Steuer auf die einzelnen Bürger ausgeschrieben
ist. Bietet dagegen eine Gemeinde ein donum an und
klagt hinterher über Verarmung einiger Glieder, so ist die
Aufbringung des Fehlenden auf die Anderen zu vertheilen.
Treibt ein Freier Handel oder Wucher, der ihn herabwür-
digt, so werden bei Insolvenz all seine Einkünfte confiscirt.

XIV. Quae catalla debitorum vendenda non sunt, 236
cum ipsi sponte non s'olvunt, et quis in vendendis
ordo sit observandus [2]). Von den Mobilien des zu
pfändenden Schuldners und seiner Familie wird das zum
Lebensunterhalt Nöthige und das Ritter-Pferd ihm belassen; 237
die Ackerstiere werden zuletzt angegriffen.

---

[1]) Vgl. Magna Carta c. 32. — Assisa Clarendon (a. 1166) c. 5.
Dass auch D. S. nur von den vor der assisa Verurtheilten spricht,
geht aus p. 228 u. p. 230 f. hervor. Vgl. oben S. 61.

[2]) Vgl. D. S. p. 239 und Magna Carta c. 20; c. 10. Glanvilla
IX. c. 11.

Erst wenn dies nicht reicht, geht der Fiscus an die Mobilien der Leibeigenen, während die der Aftervassallen seit Heinrich II. nur bei Eintreibung von Schildgeld für die Schulden ihres Lehnsherrn gepfändet werden dürfen.

XV. Quod Vicecomes a debitoribus debitoris illius qui Regi non solvit debitam Regi summam suscipiat.

XVI. Quod Vicecomes a fundis ejus qui non solvit 238 quod requiritur percipiat, etiamsi eosdem, ex quo regi teneri coepit, quomodolibet alienaverit. Das Eigenthum bleibt dem Käufer des Guts eines Fiscusschuldners, aber der Besitz ist ihm nur sicher, wenn der Kaufpreis dem Fiscus eingezahlt ist.

Die Strafen zerfallen in drei Categorien: Confiscation der beweglichen oder aller Habe oder Leibesstrafen.

XVII. Quod non licet Vicecomiti debitam sibi (d. i. ihm persönlich) pecuniam a non solventibus suscipere, et quid sit agendum si forte susceperit. Der Sheriff schwört, dass er sein Privat-Anrecht auf die 239 Habe des Insolventen nicht dem des Fiscus vorangesetzt hat. That er es unbewusst, muss er das Empfangene dem Exchequer einzahlen. Etwaige nachträgliche Bereicherung eines Insolventen muss er aufspüren.

XVIII. Qualiter vir pro uxore vel uxor pro viro convenienda est, cum ille vel illa solvendo non est. Der Erbe haftet für die Schulden des Erblassers. Selbst des 240 Leibeigenen oder Unbeerbten Schuld wird, wenn sie ohne Vermögen sterben, in den Rollen bis auf königlichen Gegenbefehl vorgetragen.

XIX. Quod non sit idem modus coercionis baronum regis et aliorum in poenis pecuniariis.

XX. Quid faciendum cum Oeconomus, qui fidem dedit de satisfaciendo, non comparet.

XXI. Quid cum veniens non satisfaciat, si Miles est; quid si non Miles. Adliche, die gegen Versprechen di- 241 recter Einzahlung von der Belästigung durch den Sheriff befreit sind, werden bei Insolvenz in freier Haft gehalten, dagegen ihre Vertreter ins Gefängniss geworfen. Ihr Eidbruch ist noch besonders straffällig.

XXII. Qualiter dominus puniendus est, qui sponte Militem exposuit, ut possit interim liberari. Ein sol- 242 cher muss künftig ohne Aufschub dem Sheriff seine Schulden beim Fiscus zahlen.

XXIII. Quid de sponte offerentibus faciendum, cum et ipsi non solvunt. Der Begriff der Oblata in rem und die Folgen ihrer Nicht-Zahlung werden erörtert.

Die Oblata in spem sind Zahlungen zur Erlangung eines 243 Processbreve. Nicht Jedem ertheilt der König ein solches.

XXIV. Quid de Releviis sponte non solutis. Der Betrag des Relevium für eine Baronie steht im Belieben des Königs, für alle Aftervasallen beträgt es 5 £. per Ritter-Lehn [1]). Betreffs der Folgen seiner Nichtzahlung wird es vom Verf. neben die Geldstrafen gestellt: Sie bedingt nicht den Verlust des Lehns.

XXV. Quid de avibus oblatis faciendum, et quo tem- 244 pore summonendae. Verf. gibt genaue Auskunft über Racen und Behandlung der Falken.

XXVI. De auro reginae. Auf jedes sponte oblatum wird 1 Mark Gold per 100 Mark Silber in den besonders verwalteten Schatz der Königin gezahlt. 245

Bei Oblatis werden nicht zahlende Geistliche nicht bevorzugt; ob bei anderen Schulden — die Frage lehnt Verf. ab.

XXVII. Quod aliter de firmis, atque aliter de custodiis respondendum et sub alio tenore fides danda. Heimgefallene Kron-Lehen werden entweder zu fixirter Pacht oder gegen Ablieferung des jeweiligen Ertrages in 246 Verwaltung gegeben. Der Verwalter darf nicht seinen Unterhalt daraus ziehen. —

Erst nach Abschluss der Hauptrechnung wird die Linie „In thesauro" (d. h. baar eingezahlt) ausgefüllt.

XXVIII. Quod fides de legitimo compoto semel data 247 sufficiat per universum. Religiöse Scrupel verbieten die Wiederholung des Amtseides. —

Die Besprechung der Geheimnisse des Exchequer lehnt Verf. fürerst ab. Er erkennt die Mangelhaftigkeit seiner Ar- 248 beit, ist aber doch stolz, als der Erste solch ein Werk geliefert zu haben, und schliesst mit einem Grusse an den König.

B. Die Form.

1. Anordnung des Stoffes.

Man merkt aus dieser Uebersicht, dass der Verfasser nach einer klar durchdachten Disposition gearbeitet hat-

---

[1]) vgl. D. S. p. 227 und Magna Carta c. 43.

von der er übrigens einige Male [1]) selbst ein Siück vorlegt. Dieses Streben nach systematischer Anordnung, unzweifelhaft die Frucht des Studiums römischen Rechts, verdient hohes Lob, in Anbetracht der frühen Abfassungszeit v o r Glanvilla, zu dem es vielleicht als Vorstufe gelten darf.

Im Ganzen angesehen, behandelt Buch I. die V e r f a s s u n g, Buch II. [2]) das V e r f a h r e n des Exchequer. Die E x c u r s e an mehreren Stellen hätte der Verfasser vielleicht besser in ein besonderes Buch über das B u d g e t — welches sie doch fast alle [3]) betreffen — zusammengefasst. Fast nirgends hat er sein T h e m a verlassen: einmal verleitet ihn dazu die Eitelkeit auf seinen Tricolumnis, das andere Mal [4]), wo er aber selbst die Abschweifung entschuldigt, die Schmeichelei gegen den Empfänger des Werks, den König. — Wiederholungen [5]) sind im Allgemeinen gut vermieden; öftere Verweisungen auf Folgendes [6]) oder Vorhergehendes [7]) waren dazu unumgänglich.

So macht das Werk, wie es in zwei Büchern abgeschlossen [8]) wurde, der Anordnung nach den Eindruck des F e r t i g e n. Dennoch sollte ohne Zweifel ein drittes die Geheimnisse [9]) des Exchequer behandeln. Da schon Swereford [10]) nur das uns Vorliegende copirte, ist wohl eine Fortsetzung nie veröffentlicht worden — was auch erklärlich ist, da die Enthüllung der Principien damaliger Finanzpolitik schwerlich der Regierung Freunde erwerben konnte.

2. Die Einkleidung des Stoffes.

Die Einkleidung gibt der Schrift ebenfalls das Ansehen des überall V o l l e n d e t e n. Um die Trockenheit seines

---

[1]) z. B. D. S. p. 210, 211, 214, 231.

[2]) Man darf also nicht etwa die Scheidung in Bücher aus getrennter A b f a s s u n g s z e i t entsprungen halten vgl. p. 10 u. p. 93.

[3]) D. S. p. 189, 202 - 206, p. 220—235.

[4]) D. S. p. 185, p. 214.

[5]) Solche sind z. B. D. S. 227 u 243.

[6]) D. S. p. 171, 173, 175, 177, 180 u. s. w.

[7]) D. S. p. 182, 190, 192, 220, 241 u. s. w.

[8]) Das beweist D. S. p. 247.

[9]) D. S. p. 247.

[10]) S. oben p. 6, 13.

Gegenstandes zu beleben, hat der Verfasser die Form eines
munter fliessenden Gespräches zwischen Lehrer und Schüler
gewählt. Möglich, dass des heiligen Anselm Dialogen
ihn darauf geführt — jedenfalls ist Richards Form. gewand-
ter.

Als Lehrer tritt der Verfasser selbst auf, ohne dass
des Letzteren Ich [1]) je aus dem Rahmen des Gespräches
träte: erst nachdem wir seinen Namen anderswoher kann-
ten, konnten wir Aeusserungen im Dialogus für unsere Biographie benutzen. Der Schüler ist ein älterer Unterbeamter [2]).
Durch diese verständige Anlage kann letzterer die theoretische Begründung der ihm praktisch schon bekannten Erscheinungen von Anfang an erfragen und, wo die
Beschreibung gar zu umständlich würde, auf den Augen-
schein [3]) verwiesen werden. Zu dieser letzten Auskunft hat
indess der Verfasser, glücklicher Weise für uns Nachgebo-
rene, selten gegriffen, vielmehr auch complicirte Dinge
— z. B. das Rechentuch und das Kerbholz [4]) — genau
und verständlich geschildert.

Die Form des Zwiegesprächs ist — von Einleitung und
Schluss abgesehen — besonders zu Anfang [5]) gut durchge-
führt: so glaubt man oft die Streitenden selbst zu hören [6])
und vergisst des Künstlers über dem Kunstwerk. Daneben
freilich ermüdet die Wiederkehr [7]) derselben dialogischen
Kunstgriffe oder es fällt an anderen Stellen der Verfasser
aus der Rolle und spricht von sich als einem Schreiben-

---

1) Die besondere Hervorhebung des Schatzmeisters und der Bischöfe von Salisbury und Ely scheint beim Lesen doch nicht die
Person des Verfassers hervorzudrängen.

2) D. S. p. 170, 171.

3) D. S. p. 182, 225.

4) D. S. p. 181, 182.

5) Zu Ende konnte der Schüler weniger einreden: D. S. p. 236
—245 sagt er nur 4 Zeilen und p. 210 spielt D. S. selbst auf des
Schülers longa silentia an.

6) D. S. p. 224 z. B.

7) So lobt der Lehrer übermässig oft das Gedächtniss des Schülers. D. S. p. 195, 220, 231, 237.

den [1]). Ueberall Herr der Form, nirgends durch sie zur
Abschweifung von seinem Wege verleitet, benutzt er sie
vielmehr sehr geschickt, nicht bloss zu stylistischen
Zwecken — z. B. um das allgemeine Princip herauszuzie-
hen [2]), Einwürfe abzuwehren, den Gedanken klarer [3]) her-
vorzuheben, ferner Liegendes [4]) heranzuziehen, Ausgelasse-
nes nachzuholen [5]) u. dergl. — sondern er legt z. B. auch
die der Regierung missliebige Meinung des Publicums
gern dem Schüler in den Mund, um dann als Lehrer, so
gut es geht, sie vom höfischen Standpunkt zu widerlegen
oder abzuschwächen oder ihr unter der Blume beizustim-
men [6]).

Als Ort des Zwiegesprächs wird natürlich der Exchequer, als Zeit ein Tag im 23. Jahre der Regierung Heinrichs II. fingirt. Der Einbruch der Nacht, wegen dessen
schon bei Beginn des zweiten Buches [7]) der Schüler einen
übereilten Schluss, der Lehrer Ermüdung befürchtet, gibt
Anlass, den Dialog zu beenden.

3. Die Sprache.

Die Sprache [8]) ist das Beamtenlatein der Zeit mit
geistlichem Firniss: frei von Flexionsfehlern [9]), in den Con-
structionen barbarisch, nimmt sie die technischen Ausdrücke des englischen Lebens nicht ohne ausdrückliche
Entschuldigung [10]) aus dem Angelsächsischen und Französi-

---

1) D. S. p. 170, 183, 185, 207, 216, 247.
2) D. S. p. 242.
3) D. S. p. 183, 228, 236.
4) D. S. p. 184.
5) D. S. p. 195.
6) D. S. p. 233, 236.
7) D. S. p. 210.
8) Die wenigen schwierigen Vocabeln erklärt das Glossar der
Select Charters.
9) Manchmal ist er nachlässig; z. B. D. S. p. 219 und auch
sonst geht er oft vom pluralis majestatis zum Singular im selben
Satz über. — Fehler wie die Verwechselung des Reflexiv-Pronomen
mit dem Personale sind allgemein mittelalterlich.
10) D. S. p. 170, 196, 210. Oft hält er sich doch verpflichtet,

schen auf, und in soweit steht sie dem Gegenstande viel
natürlicher an als die von manchen der Zeitgenossen auf
die damaligen Menschen angewandten Titel der römischen [1]
Republik. — Freilich gibt Richard seiner Neigung, Worte
zu hexametrischem [2] Tonfall ohne ängstliche Sylbenmessung
zu einen, manchmal über Gebühr nach und ist keineswegs
frei vom Schwulst der Höflinge [3]), auch nicht ganz von der
Pedanterie der Gelehrten, mit classischen Reminiscenzen [4])
und biblischer Salbung zu glänzen. Aber all diesen fremd-
artigen Stoff hat er doch nicht mühsam ad hoc zusammen-
getragen, sondern schon in sich verarbeitet und gerade zum
Theil aus ihm die Kraft, eigenen Redeschmuck oft tref-
fender Bilder [5]) zu erfinden, gewonnen: den Rechenstein, der
bald viel bald wenig bedeutet, vergleicht er z. B. dem wech-
selnden Glücke des Menschen, der doch immer — Mensch
bleibt.

Utilia non subtilia wollte er bringen. Dazu musste
er leicht, klar und anregend schreiben. Das ist ihm im
Ganzen recht gut gelungen. Das Werk liest sich hübsch
und wenn Richards Lobredner übertreibend · sagt: „seine
Worte schienen Süsse zu träufeln", so hat gewiss auch seine
Schreibart den Zeitgenossen gefallen. Denn oft klingt
der Dialog wie eine wirkliche Unterhaltung und er hat
kaum eine dunkle Stelle, die nicht dem Copisten zur
Last fiele.

---

ein „quod vulgo dicunt" ihnen vorauszustellen. D. S. p. 240. — Radulfus de Diceto scheute sich selbst, „Tenens in capite" zu sagen,
ohne „ut vulgariter loquar" davor zu setzen. c. 536.

[1]) Sehr gut braucht D. S. p. 246 Xenia (was kaum technisch
nach Pipe Roll a. 1189 p. 15) für die üblichen Geschenke der Be-
zirkseingesessenen an den Staatsbeamten. Du Cange s. v. bringt das
Wort in einer Urkunde Heinrichs III.

[2]) D. S. p. 187, 189, 214, 215, 220. Oder soll ihm ein Quanti-
tätsfehler in gratia und imperare nicht zuzutrauen sein?

[3]) Z. B. ertheilt regia munificentia quod jure paterno de-
betur D. S. 226. — Der Name Majestas ib. 217, 238.

[4]) D. S. 189, 215, 215, 224, 227, 235, 237. p. 214 dyscolus aus
Vulgata Petr. 1, 2, 18.

[5]) z. B. D. S. p. 183, 247, 248.

Und was das Lobenswertheste ist, die nicht nationale
Form hat den objectiven Inhalt nicht angegriffen. Wie
die Schmeicheleien von der Gnade Seiner Majestät fortblei-
ben, wo der Schüler des Lehrers Vortrag resumirt [1]), so
stehen auch die juristischen Ausdrücke aus den Pandec-
ten [2]) rein äusserlich da. Einfluss auf den Inhalt ist nur
in der Einleitung, die nicht eigentlich zum Thema gehört,
dem römischen Recht verstattet.

[1]) D. S. p. 227.
[2]) ib. p. 224 Z. 13 ff. — p. 230 Z. 3 v. u. erinnert an l. 14,
§. 5 Dig. 36, 1 und p. 224 Z. 13 v. u. an Dig. 22, 6.

V. Amtlicher Character des Dialogs.

Die nicht amtliche Form, die vielen wissenschaftlichen Excurse könnten dazu verleiten, das „Zwiegespräch vom Exchequer" für eine Privatarbeit mit dem Zweck bloss theoretischer Belehrung anzusehen, die, wie so viele Unterhaltungsschriften der Zeit, eine Widmung an den König bloss als vorangeschickte Schmeichelei für diesen trage.

Aber man wird vielmehr, meiner Ansicht nach, den Dialog als Parallelwerk zu Glanvilla und beide als im Auftrage und mit Anerkennung der Regierung verfasst zu betrachten haben.

Dass Letzteres beim Tractatus de legibus Anglicanis zutrifft, bedarf kaum des Beweises. Glanvilla ist, um modern zu reden, Premier und Oberrichter zugleich. Er legt dem Staatsoberhaupt die Processordnung [1]) vor, die für den praktischen Gebrauch Anwendung bei Gericht finden sollte und wirklich fand. Zwar das Letztere ist auch bei Rechtsbüchern wie Bracton und dem Sachsenspiegel der Fall; aber der Tractat darf nicht in ihre Categorie gestellt werden, weil er recht eigentlich das Werk der Regierung selbst ist.

Es ist bekannt, wie diese auch sonst durch das Streben nach Feststellung und Aufzeichnung des Gewohnheitsrechts sich auszeichnet; und sie hat höchst wahrscheinlich auch den Schatzmeister bewogen, über sein Ressort zu schreiben. In der Einleitung zum Dialog sagt der Verfasser, er sei durch einen Beamten des Exchequer im Namen der Collegen zu seiner Arbeit angeregt, sogar halb gezwungen worden. Möglicher Weise ist das nicht blosse Fiction und deutet auf einen amtlichen Auftrag, Verfassung und Verfahren des Exchequer darzustellen.

---

[1]) Ordo placitandi. Glanvilla 3. 1. 1.

Wichtiger ist die Aehnlichkeit des Dialogs mit dem Tractat: auch jener ist dem König gewidmet [1]); er nennt als Thema [2]) quasdam consuetudines et jura scaccarii, wie Glanvilla leges et jura... quaedam in curia [3]), aber beide wissen, dass sie es noch nicht erschöpfend [4]) behandeln können. — Auch Richard verfolgt einen praktischen Zweck im Interesse der Schatzkammerbeisitzer und giebt daher ebenso wörtlich wie Ranulf das Formular für Breven [5]), Buchungen u. dergl. Auch Richard wollte als Autorität für den Exchequer gelten, und die Eintragung in das Roth- und Schwarzbuch, sowie die Citirung durch Alexander von Swereford beweisen, dass er seinen Zweck erreichte. Beide Autoren, in dem Lobe der Gerichtsreform wörtlich übereinstimmend [6]), entwickeln in ihrer Einleitung [7]) ihre sehr ähnliche Politik nach Worten und Ideen der Vorrede zu den Institutionen — wie denn beide auch sonst sich durch römisches Recht [8]) geschult zeigen. Die Aehnlichkeit der Sprache war bei Collegen vorauszusetzen; ebensowenig möchte ich einige Spuren dialogischer Form bei Glanvilla [9]) urgiren: in

[1]) D. S. p. 170, 248.

[2]) D. S. p. 170.

[3]) Glanv. Praef.

[4]) D. S. p. 177, 247 u. Glanv. Praef.

[5]) Dass wirklich nach dem Tractat Breven ausgeschrieben wurden, folgt deutlich aus Glanv. 2. 13.

[6]) D. S. 215: (Justiciae errantes) pauperum laboribus et sumptibus pepercerunt. Glanvilla 2. 7. (Assisâ) laboribus hominum parcitur et sumptibus pauperum vgl. Brunner, l. c. 105.

[7]) Aus dem wörtlichen Anklang in der Entschuldigung des Vulgärstyls, in dem Preise für Heinrichs II. Kriegsruhm ist Benutzung des Dialogs durch den Tractat nicht direct zu folgern. Offenbar mit Rücksicht auf den Kaiser haben Beide majestas bei Justinian durch potestas, auf Heinrich angewandt, ersetzt; doch D. S. p. 217 und p. 238 ist von contemptus regiae majestatis die Rede.

[8]) Darauf weist wohl auch die Bezeichnung des erst nach Heinrich I. aufgekommenen Gewohnheitsrechts als novella constitutio D. S. p. 212.

[9]) 1. 32. 3 ferner 2. 3. 7.

der übersichtlichen Anordnung zeigt letzterer vielmehr einen gewaltigen Fortschritt. Aber jene übrigen Beziehungen wird man schwerlich zufällig nennen dürfen oder anders erklären können als damit, dass beide Werke officielle Aufzeichnungen sind.

Ueberragt Glanvilla den Dialog an historischer Bedeutung, so liegt der Grund im Stoffe selbst: Richard schildert die Behörde des normannischen Absolutismus, deren Glanz vor einer neuen Zeit erbleichen musste, Glanvilla dagegen die Reformen einer neuen Periode, die in der Grossen Charte ihre Bestätigung fanden.

VI. Glaubwürdigkeit des Dialogs.

A. Für zeitgenössische Nachrichten.

Dieser amtliche Character musste auf die historische Treue des Zwiegesprächs einerseits einen günstigen Einfluss üben : ihm zum Theil verdanken wir die Genauigkeit und Schärfe, mit denen der Verfasser das ihm gegenwärtig Vorliegende beschreibt — wo er nicht darauf ausgeht, Regierungsmassregeln schön zu färben.

Was er so über Localität und Inventar, Aemter und Beamte, Buchhaltung und Controlle, Einkünfte und Ausgaben des Exchequer und gelegentlich über Civil- und Strafrecht objectiv berichtet, verdient Glauben. Auch ist es ja noch möglich, ihn in einigen Punkten an der Hand erhaltener Urkunden zu controlliren; und z. B. die Formulare weisen sich wörtlich richtig bei dieser Vergleichung aus. — Das Schema der Pipe Rollen entspricht ebenfalls so genau der gedruckt vorliegenden von 1189 [1]), als eben möglich war : denn allerdings finden sich in der Anordnung der Posten fast bei jeder Grafschaft kleine Abweichungen. Das liess sich überhaupt im Dialog nicht vermeiden : was Regel war, ward als System gegeben. Dass Ausnahmen [2]) vorkamen, hat er selbst angedeutet.

Zur Controllirung der materiellen Rechtssätze können wir Glanvilla heranziehen — z. B. betreffs des essonium

---

[1]) Die Rollen der ersten Jahre Heinrichs II. sind mager im Inhalt, unentwickelt in der Form. Gegen sie ist das Schema des Dialogus ein grosser Fortschritt : es hat auch bereits das Escheat-Conto (also ein Jahrzehnt früher als Madox I. 299 denkt), freilich noch keine besonderen Rollen dafür, D. S. 225.

[2]) Z. B. ist 1189 Pipe Roll p. 21 die temporäre Confiscation (escaeta cum haerede) mit den übrigen heimgefallenen Lehnen verrechnet. Uebrigens erwähnt Richard nicht, dass grössere Escaetae gesondert gebucht wurden.

(welchen Ausdruck übrigens Richard nicht hat) de servitio domini Regis oder wegen anderer [1]) Hindernisse. Ferner findet sich bei beiden der Grundsatz, dass die Mobilien der vom Sheriff überführten Diebe diesem verfallen [2]). Auffallend ist, dass zweimal Richard das Strafrecht weniger günstig für den Fiscus darstellt als Glanvilla : nach jenem behält der Erbe des Wucheres [3]) dessen Immobilien, nach diesem verfallen sie dem Lehnsherrn; und Richard erwähnt nicht des Fiscus Recht, Immobilien verbrecherischer After vasallen ein Jahr lang (zum Nachtheil von deren Lehnsherren) zu nutzen [4]). In beiden Fällen ist aber das Richtige in den Angaben Glanvillas.

Auch Madox hat, wo es sich um Nachrichten aus Richards eigener Zeit handelt, ihm nur einmal [5]) widersprochen : die Exchequerbeisitzer hätten keine Immunität vom scutagium gehabt. Allein die Stellen, die er selbst anführt, beweisen deutlich, dass sie sich allgemein eine solche beizulegen strebten.

Es ist dies einer von den Fällen, wo man am Exchequer selbst sich nicht klar war. Richard weiss wohl, dass überhaupt namentlich wo Präcedentien fehlten, die Meinungen der Barone auseinander gingen; keineswegs hat er sich verhehlen können, dass seine Behörde selbst noch in der Entwickelung begriffen war, dass sein Buch auf künftige Einrichtungen nicht überall passen werde [6]).

Durch diese Unvollkommenheit und durch kleine Auslassungen, deren Grund nicht erhellt (so sind z. B. die Zölle gar nicht erwähnt), hat die Nachwelt weniger verloren als an Richards Schweigen über das Verhältniss des Exchequer zur Curia [7]) Regis und Camera Regis, über

---

[1]) Phillipps, Engl. Rechtsgesch. 2, 111, wo Glanv. citirt, verglichen mit Dialog p. 218 f.

[2]) D. S. p. 231, Glanv. 7. 17. 6.

[3]) D. S. p. 228 gegen Glanv. VII. 16. 3.

[4]) D. S. p. 228 gegen Glanv. VII. 17. 4 u. Magna Carta c. 32.

[5]) L. c. II. 390.

[6]) D. S. p. 177, 247.

[7]) Andeutungen D. S. p. 176, 178, 179, 188, 189, 208. Die Mit-

die Einführung der Reiserichter und der Jury — Dinge
die wohl zu seinem Thema gehörten und über die er beste
Kunde haben musste; gern erliessen wir ihm darum einige Kleinigkeiten — er gibt z. B. den Preis [1]) für die Tinte
und erwähnt, dass die Ueberschriften in den Rollen in
Capitalbuchstaben [2]) geschrieben sind!

Daneben macht sich nun aber andererseits der amtliche Character des Buchs zum Nachtheil der Wahrheitstreue geltend : um das Bild vom Exchequer zu vervollstän-
digen, hätte der Verfasser über die Geheimberathungen[3])
sprechen müssen – das hiess aber sein Amtsgeheimniss
brechen. — Er hätte nicht so auffallend kurz hingehen
dürfen über die Fines, jene einträglichen, aber mit der Gerechtigkeit, die nun einmal im Exchequer zu herrschen
scheinen [4]) soll, nicht wohl zu vereinbarenden Gebühren zur
Verzögerung oder Unterdrückung eines Processes, gegen die
sich recht eigentlich der 40. Artikel der Magna Carta [5])
wendet : „Keinem werden wir Recht oder Gerechtigkeit ver-
kaufen, verweigern oder verzögern".

Ebenso tendenziös ist das Unterschieben moralischer
Motive [6]) bei gewinnsüchtigen Massregeln des Exchequer, die

---

glieder der Curia Regis stellt er mehrfach dem Clerus entgegen, D.S.
p. 177, 196. Betreffs der Reiserichter (s. o. p. 11, 62). · D.S. p. 215.

[1]) D. S. p. 175.

[2]) D. S. p. 225.

[3]) Andeutungen D. S. p. 177, 183, 190, 196. 211. 213, 216, 219,
240, 241, 247. Auch nach Beendigung der öffentlichen Abrechnungs-
sitzungen (soluto scaccario) hielten die praesidentes oder majores Be-
rathungen von grösster Wichtigkeit : sie taxiren z. B. die Fiscalfor-
derungen und bestimmen den Ort des nächsten Termins. Aber wonach bestimmten sie die Höhe der Steuern und der Strafgelder? Was
war ihre genaue Competenz?

[4]) Vielleicht ist auch die Confiscation der Bisthümer während
der Sedisvacanz, ebenfalls eine reiche Finanzquelle, nicht ohne Tendenz ausgelassen.

[5]) Vergl. Madox l. c. 1. 455.

[6]) Vergl. oben p. 59 ff.

Characterschilderung der Könige [1]), sowie einiger Collegen, die dem Autor noch dazu zum Theil verwandt sind [2]).

B. Für Nachrichten aus der Zeit vor dem Autor.

Ganz andere Kritik muss den Nachrichten Richards gegenüber geübt werden, die er nicht aus eigener Anschauung bringt : gerade hier hat er zu viel Glauben gefunden : war doch Madox [3], der erste, der gegen die Erklärung des Sheriffs als Vertreters des Grafen (aus dem Worte vicecomes) auftrat. Mag er diese und einige etymologische Deutungen selbst erdacht haben [letztere, auch die, dass firma (Pacht, von feorm) von firmus (fest) stamme, verführen heut nicht mehr] —: für seine sonstige Kunde der Vergangenheit sind seine Quellen noch nachweisbar, und auf diese muss es ankommen.

1. a. Schriftliche Quellen.

Er führt sie meistentheils selbst an : dass die Dänen ein altes Recht auf England beanspruchten, weiss er aus der „Historia Britonum", worunter aber die Estoire des Engles [4]) des Reimchronisten Geoffrey Gaimar oder die von diesem neben Gotfried von Monmouth benutzte, jetzt verschollene Quelle, verstanden ist. Man liebte bei Hofe die Chansons de Geste, und Richards College, Walter Map [5])

---

[1]) Heinrich I. wird in vielen dem Enkel gewidmeten Büchern verherrlicht : gerade dessen Lob scheint diesem besonders lieblich geklungen zu haben.

[2]) Vergl. oben p. 59 ff.; 28 und D. S. p. 194, 205.

[3]) Madox l. c. 2. 899. Er brauchte die Deutung von Thesaurus als auri thesis nicht Richard vorzuwerfen : der nahm sie aus Isidor, Etymol. XVI. 18. Gerade wo Richard Recht hat : in der Erklärung des Wortes Scaccarium, p. 171, fand er Jahrhunderte lang bei den Antiquaren keinen Glauben. Vergl. übrigens Will. Fitz Stephen, V. S. Thomae „De consilio apud Northamtonam".

[4]) v. 2087 : „Purquoi il distrent pur verité
Bretaigne ert lur dreit herité". in Monum. Britann. p. 789.

[5]) De nugis curialium ed. Wright in Camden Society p. 195, 204. 206.

scheint Gaimar ebenfalls benutzt zu haben. — Vielleicht
will jedoch der Dialog nicht bloss für jenen Rechtsan-
spruch, sondern für die Angriffe der Dänen überhaupt
auf eine Historia Britonum verweisen. Dann würde er Huntingdon meinen, mit dessen Einleitung zum 5ten Buch er
allerdings zwar nicht wörtlich, aber dem Sinne nach auffallend übereinstimmt.

Dass er sonst historiographische Werke benutzt
habe, ist mindestens unwahrscheinlich : keine seiner Bemerkungen lässt sich in den bisher gedruckten Werken der
normannischen Zeit nachweisen.

Dagegen stand ihm ein reicher Schatz von urkundli-
chem Material im Reichsarchiv zu Gebote.

So zunächst das auch uns erhaltene Domesdaybook[1]),
dessen Entstehung, Gestalt, Zweck und Autorität er genau
berichtet. Aus ihm wollte er ein Argument hernehmen gegen die Behauptung der englischen Domänenbauern, dass
schon ihre Väter ein bestimmtes album firmae (Aufgeld auf
die in schlechter Münze gezahlte Pacht) vor der Eroberung
gezahlt hätten; indem nämlich kein album darin vorkomme.
Der Index des Domesday weist indess nach, dass Richard
nicht genau [2]) zugesehen hat.

Ferner lagen ihm die magni rotuli annales vor.
Bis 1156 ist uns nur noch eine Rolle, die von 1130, erhalten. Sie und die von 1156—58 sind gedruckt [3]), aber auch
die späteren existiren noch. — Richard benutzte nun allerdings frühere Rollen Heinrichs I. (dass solche existirten,
konnten wir aus der von 1130 schon beweisen) : er sagt
p. 186: „frequenter in veteribus annalibus rotulis regis
illius (Henrici I.) invenies scriptum: „In th. C li. ad scalam"; vel „In th C. li. ad pens"". Weder konnte Richard

[1]) D. S. p. 208 u. 176. Vergl. Lappenberg l. c. 2. 143 f. Freeman's Norman Conquest verspricht für den 5ten Band eine ausführ-
liche Abhandlung, die das Domesdaybook allerdings noch verdient.

[2]) Ebenso irrig meint Richard, die Zahlung ad pensum ent-
stamme der Zeit Heinrichs I. : er konnte im Domesday I. 30. a. 2
sehen : „val. modo 15 £. Tamen qui tenet redd. 15 £ ad pensum".

[3]) Ed. Hunter in Record Commission.

die fünftletzte Rolle zu den „alten" zählen, noch findet sich „ad scalam" in der von 1130. Aus welchem Jahre nun die älteste der Richard vorliegenden war — und bei der ängstlichen Erhaltung der Staats-Acten ist dies wohl identisch mit der ältesten Pipe Rolle überhaupt —, das ist nicht festzustellen. Vollständig sicher ist zunächst, dass vor der Eroberung keine existirte : Richard würde bei seinen Untersuchungen über die Entstehung der Dealbatio und des Exchequer überhaupt sie herangezogen haben, so gut wie er Domesday, Heinrichs I. Pipe Rollen und die Urkunden altenglischer Könige citirte; vor Allem wäre die Behauptung, der Exchequer sei altenglischen Ursprungs, nicht einfach damit gestützt worden, dass man die Fixirung der Pachtsumme und des Aufgeldes schon vor der Eroberung anführte; sondern man hätte sich gewiss auf die altenglischen Jahresrollen berufen, wenn solche existirten.

Gab es aber Pipe Rollen unter Wilhelm I.? Unter Johann konnte man wenigstens keine mehr finden, obwohl man mehrere von Heinrich I. benutzte[1]). Und schon Richard muss keine Kunde mehr von Rollen des eilften Jahrhunderts gehabt haben : er würde sie sonst benutzt haben, anstatt sich auf die Tradition der Väter zu berufen, wo es sich um die Geschichte des Exchequer vor Heinrich I. handelt, und — um es hiefür zu wiederholen — er hätte das Nichtvorkommen der Dealbatio nicht bloss im Domesdaybook, sondern in den gleichzeitigen Schatzrollen nachzuweisen gesucht.

Da nun eine Reihe voluminöser Rollen, die ihrem Wesen nach genaue Aufbewahrung voraussetzen, aus einem Archiv, das andere Acten sorgfältig erhielt, nur zwei Menschenalter nach ihrer Entstehung schwerlich spurlos verschwunden gewesen sein kann, so folgt mit grosser Wahrscheinlichkeit, dass der Exchequer vor Heinrich I. keine Pipe Rollen gehabt hat.

Richard hat ferner aus dem Archiv Königsurkunden

---

[1]) So Swereford bei Madox l. c. 1. 179 und 2. 346 c. 2.

in grosser Zahl einsehen können : er beruft sich auf solche aus der Zeit vor der Eroberung [1]).

Endlich kennt und nennt er die Gesetze Wilhelms I. Dass darunter nicht die sog. Gesetze Edwards des Bekenners verstanden sind, folgt aus den oben, p. 71 f. angeführten Verschiedenheiten [2]). Vielmehr sind jene 51 Artikel, die auch französisch existiren, gemeint. Dafür spricht die Vergleichung folgender Merkmale : der Dreitheilung des englischen Rechts, der Hinzufügung des neustrischen, der Englisheria [3]), der Behandlung der Bauern [4]). Der Betrag des murdrum war sehr wechselnd, wie die Pipe Rollen beweisen; es ist daher kein Anstoss daran zu nehmen, dass der von Richard gegebene mit dem jener Gesetze nicht stimmt; vielleicht ist sogar diese Zahl [5]) im Dialogus verderbt.

1. b. Mündliche Erkundigung.

Bei Weitem das Meiste seiner historischen Kenntniss hat Richard auf mündlichen Wege erlangt : um geschichtliche Bücher scheint er sich wenig bemüht zu haben; desto eifriger hat er den Bischof von Winchester, den Enkel Wilhelms I. und Bruder König Stephans, jenen fein gebildeten Liebhaber antiker Kunst [6]), über das Domesdaybook befragt.

Sonst gibt er nur noch einen Gewährsmann namentlich

---

[1]) D. S. p. 209.

[2]) Ebensowenig ist an die 10 Constitutionen, die „wahrscheinlich allein des Eroberers eigene Gesetzgebung enthalten", zu denken. Sie geben kein altenglisches Recht. Bester Text in Hoveden II. XXIII. u. Stubbs, Select Charters p. 80.

[3]) D. S. p. 202 vergl. mit Leges Will. I. 26.

[4]) D. S. p. 202 vergl. mit Leges Will. I. 29.

[5]) p. 201 „36 oder 44 £ blanc" gegen 46 Mark in den Leges. — L. R. hat „36 oder 24 £", d. i. 3mal oder 2mal 12, ein an sich wahrscheinlicherer Betrag.

[6]) D. S. p. 199. Er brachte Antiken aus Rom nach England; nach Johann von Salisbury's Historia Pontificalis (Monum. German. S. S. XX. 530).

an : sein Vater, Nigel, hat ihn über die Steuerbefreiung der Exchequerbeamten durch Heinrich I. unterrichtet [1]).

Diesen und ähnlichen Männern verdankt er dann auch wohl, was er als Ueberlieferung der Väter, der Erfahrenen, der Vorgänger, oder allgemein des Hörensagens über die Naturalabgaben bis zur Zeit Heinrichs I., über die Einführung der Gemeindehaftung für Ermordnng eines Normannen, über die Geschichte des Dänengelds und des Exchequer überhaupt bringt [2]).

Doch auch den englischen Bauer zu befragen, hat er sich nicht gescheut, von ihm hat er die Kunde über die Hundertschaft und die Pachtzahlung in der alten Zeit [3]).

2. Prüfung einiger Nachrichten.

Sicherlich verdient die Wissbegier des Verfassers sowie die Objectivität der Darstellung alles Lob. Der Tadel trifft nicht ihn, sondern seine Gewährsmänner, wenn wir einige seiner Nachrichten als falsch abweisen und auch vor der unbedingten Annahme anderer, die bloss bei ihm erscheinen, warnen müssen.

Die Nachricht Nigels [4]) ist, wie die Pipe Rollen ergeben, mindestens dem Resultat nach richtig; die Heinrichs von Winchester über das Domesday [5]) ist mit Ausnahme der Erklärung des Namens durchaus verbürgt, während was derselbe über die Entstehung [6]) der Leges Willelmi Conquestoris bringt, an sich sehr glaublich klingt. Und jedenfalls haben über die Art ihrer Aufzeichnung schon zu Anfang des Jahrhunderts ähnliche Ansichten der Einleitung

---

[1]) D. S. p. 199.

[2]) D. S. p. 176; p. 193; 203; 204 f.

[3]) Vergl. D. S. p. 209; 176; 193; 232.

[4]) D. S. p. 199.

[5]) D. S. p. 208 vgl. oben p. 59 und Stubbs, Const. II. p. 385. — Richard braucht schon den Ausdruck circuitus; d. h. er sah richtig darin eine Richterreise, wie sie später jährlich wurde; vergl. Brunner l. c. p. 218. — Zur Erklärung des Namens Domesday vergl. Anglia Sacra I. 257.

[6]) D. S. p. 209 vergl. Stubbs, ib. p. 267 f.

der sog. Leges Edwardi zu Grunde gelegen und sind im 13. Artikel [1]) der Carta Henrici I. ausgesprochen.

Die Einführung der Englisheria unter Wilhelm I. zu setzen, wurde Richard wahrscheinlich nur durch die ihm allein vorliegenden Gesetze desselben bewogen. Aber diese widersprechen keineswegs der Nachricht der sog. Leges Edwardi, welche sie schon Cnut [2]) zuschreiben. Ich glaube daher, dass man kaum, ohne weiteren Beweis Richard folgen und diese letztere verwerfen [3]) darf. Uebrigens widerspricht sich der Dialog selbst: „Reges et eorum ministri", sagt er, hätten nach der Eroberung umsonst die Agrarmorde durch Härte zu unterdrücken versucht; später erst sei die Haftung der Hundertschaft eingeführt. Darnach sollte man an die Zeit nach 1087 denken — aber gleich nachher spricht er offenbar von keinem anderen als dem Eroberer allein.

Das Dänengeld hat Richard, was die Entstehung betrifft, ebenso wie die Leges Edwardi Confessoris mit dem Heregyld [4]) verwechselt. Dass diese Steuer bis zur Eroberung jährlich bezahlt ward, ist ebenso falsch, als dass sie später selten wurde. Die Erpressungen der Normannenkönige [5]) sind bekannt, und nachweislich ist von 1127—30 jährlich [6]) Dänengeld eingezogen worden. Und dass letzteres die Regel war, geht auch aus Huntingdon [7]) und Stephans Urkunde für Oxford [8]) hervor. — Wir kennen mehrere Fälle, wo mehr als 2 shilling per hida gefordert ward;

---

[1]) Dieser scheint schon auf eine geschriebene Gesetzsammlung zu weisen, woran im Artikel 7 der zehn Constitutiones Willelmi nicht gedacht zu werden braucht (bei Stubbs. Sel. Ch. p. 81); vergl. übrigens Freeman, Norman Conquest. 4, 325 ff.

[2]) „Murdrum" bedeutete Anfangs die heimliche Ermordung des Nicht-Engländers, D. S. p. 201; Leg. Edw. 15; Leg. Will. 21; Constitut. Will. 3.

[3]) Gegen Freeman, Norman Conquest. I. 493 und 4. 326.

[4]) Freeman l. c. 2; 124 u. 547.

[5]) Vergl. Freeman l. c. IV. 60, 686.

[6]) Pipe Roll a. 1130 p. 150, 151; vergl. oben p. 59.

[7]) 221b.

[8]) Brompton (Twysden X. Script.) 1024.

die sog. Gesetze Heinrichs I. und Edwards des Bekenners [1]) geben als Regel 1 shilling an. Hierbei scheint jedoch Richard Recht zu behalten : z. B. bezahlte 1130 [2]) Middlesex £ 85.—.6. für Dänengeld und genau so viel 1155. Dies stimmt ungefähr, wenn die Hydenzahl im Domesdaybook — nach meiner Addition 878 — als Basis betrachtet wird, zu dem 2shilling-Satze. Freilich während Richards eigener Amtsführung ward diese Steuer unter dem alten Namen selten erhoben, wie es scheint nur in den ersten Jahren Heinrichs II.[3]). Dieser ersetzte sie durch das Scutagium : characteristisch ist, dass Richard für beide Steuern als Anlass Kriegsgefahr [4]) fast mit denselben Worten angibt. (Auch die Steuern bei Verheirathung der Mutter und der Tochter Heinrichs II. nennt zwar Radulfus Niger Dänengeld — wie denn die technischen Namen öfters damals selbst in Urkunden falsch gebraucht werden — die genaue Bezeichnung ist aber auxilium ad filiam maritandam.)

3. Ueber die Entstehung des Exchequer.

Schliesslich seien einige Bemerkungen über die Entstehung des Exchequer an Richards Bericht angeknüpft.

I. Unter den angelsächsischen Königen hat ein Exchequer nicht bestanden. Schon zu Richards Zeit „glaubten einige, der Exchequerbrauch habe unter den englischen [5]) Königen existirt. Doch vermochten sie weiter nichts zu beweisen, als dass damals schon die firma fixirt war". So Richard selbst. Er neigt daher der An-

[1]) Leges Henrici I. (beste Ausg. Schmid l. c.) c. 15 u. Leges Edwardi c. 11.
[2]) Pipe Roll p. 151, 152. Natürlich muss der Perdona-Posten dem Baarposten hinzugezählt werden und in der Buchung von 1155 (p. 5) auch das In Wasto.
[3]) Madox l. c. I. 685. Stubbs, Constit. Hist. p. 463. Radulf Niger p. 165 ff. (Henricus II.) Danegeldum avitum innovavit.
[4]) D. S. p. 200 und p. 203.
[5]) So auch die (in der Rolls Series edirte) Estoire S. Edward. v. 4491 (geschr. c. 1245) über König Harold's II. Habgier: „Cum vescunte al eschecker Set pur deners acunter".

sicht von der Einführung durch den Eroberer zu — ohne indess sich ganz fest [1]) zu entscheiden. Nun können wir freilich nachweisen, dass Richard irrig den angelsächsischen Ursprung der Dealbatio bestritt [2]), dass seine Gegner für ihre Ansicht eine Menge Momente noch hätten anführen können, die der Exchequer aus altenglischer Zeit hernahm [3]): z. B. das Dänengeld, die Bussen, einen reichen Baarschatz sammt Archiv, das Local, die Person des Schatzmeisters, die Bezirkseintheilung u. s. w., aber es ist klar, dass sie alle das Wesen des oberen [4]) Exchequer, des Finanzgerichtshofs nicht ausmachen.

II. Der Name Scaccarium kommt zuerst unter Heinrich I.[5]) vor; daraus folgt für die Entstehung der Behörde aber nichts.

Floquet [6]) wollte den Namen schon 1061 finden und ihm folgte Gneist [7]). Schon Delisle hat in einem meisterhaften Aufsatze [8]) über die „Revenuen der Normandie im 12. Jahrhundert" dies als irrig erwiesen. Das Wort bedeutet nur „Tafel" [9]); es ist bis zu Heinrich II. selten. Auch sagt Richard, früher habe für dieselbe Sache der

---

[1]) Er sagt: „dicitur", D. S. p. 1176, und „Quocunque tempore coeperit", ib. Man sollte doch nicht die ersten Worte von ihm citiren und die anderen fortlassen!

[2]) Dies wies Stapleton, Magni Rotuli scaccarii Normanniae, London 1840, nach (in der Einleitung). Nach ihm Stubbs p. 378, Const. II. — [Gegen die Behauptung des Nichtvorkommens der firma blanca im Domesday s. o. p. 103.] Aber damit ist doch Brunner, der die Priorität des normannischen Echiquier vor dem englischen behauptet, nicht widerlegt! Vergl. übrigens Lappenberg I. 628.

[3]) Gneist, Geschichte des englischen Verwaltungsrechts p. 182, Freeman II. 52, IV. 60 und Stubbs, Const. II. 142, 180. — Der Schatzmeister hiess Heinrich. Domesday I. 49 und Liber Wintoniensis 539.

[4]) D. S. p. 176 spricht nur von diesem — was bisher unbeachtet. Aber p. 172 „Una origo utriusque (scaccarii)".

[5]) Madox l. c. I. 179. Stapleton, Norman Rolls Preface XIX, XX.

[6]) Hist. du Parlement de Normandie p. 8.

[7]) l. c. p. 201.

[8]) Bibliothèque de l'école des Chartes II. 5 u. III. 1. 2.

[9]) Madox I. 161.

Name „ad taleas"[1] (d. h. „bei den Kerbhölzern") existirt.
Beide Ausdrücke beziehen sich nur auf die Baareinzahlung
— ihr Gebrauch ist auch nicht einmal auf die königliche[2] Schatzkammer beschränkt.

III. Der englische Exchequer bestand (dem
Wesen nach) unter Wilhelm dem Eroberer. Dafür
spricht, dass zu Richards Zeit hierin alle Ansichten einig
waren, obwohl sie betreffs der Abstammung auseinander
gingen. Richard sagt ausdrücklich, dass der Exchequer vor
der Abschaffung der Naturalabgaben und vor dem Eintritt
seines Grossoheims Roger existirte. Beides fällt in den Anfang der Regierung Heinrichs I. Wäre Roger der Schöpfer der Behörde gewesen — sein Grossneffe, der seinen
Ruhm so hoch erhebt, hätte es am Wenigsten verschwie-
gen. Und des letzteren Vater, der ja sonst sein Gewährsmann ist, trat nur ein Menschenalter nach Wilhelms des
Eroberers Tode ins Amt! Wichtiger ist, dass, wie allgemein anerkannt wird, seit der Eroberung die straffe Cen-
tralisation eintrat, die in Verbindung mit dem fiscalischen
Geiste der normannischen Regierung eine Behörde, wie der
Exchequer war, erzeugen musste. Ihr erst konnte das
Domesdaybook entspringen. Die Zeitgenossen haben freilich
die Einsetzung der Behörde nicht notirt — aber ihre Wir-
kung haben sie verspürt und auch beklagt. Die Worte
des englischen Chronisten[3] passen genau auf den Exchequer: „Ac swa man swythor spaec embe rihte lage, swa
mann dyde mare unlaga. Hi arerdon unrihte tollas, and
manige othre unriht hi dydan, the sindon earfethe to
areccene".

IV. Der englische Exchequer zeigt rein normannischen Geist. Schon Madox[4] wies darauf hin;

---

[1] So in Pipe Roll a. 1130 p. 129.

[2] Privatgebrauch der taleae war ganz allgemein, s. Leges Henrici I. c. 56 § 1. Ein scaccarium des Grafen Leicester findet sich
1125.

[3] s. a. 1087.

[4] l. c. 1. 180.

Brunners[1]) gründliche Forschungen bestätigen die Normannisirung der Curia Regis.

V. Der normannische Exchequer muss ebenfalls unter dem Eroberer bestanden haben. Wie konnte sonst Richard der Ansicht sein, der englische Exchequer sei gleich nach der Eroberung nach dem Modell des normannischen eingerichtet worden? Wenn wirklich umgekehrt der letztere eine Copie des ersteren ist, so muss seine Einrichtung vor Nigels Erinnerugsbereich gelegen haben. Wir sahen oben, dass dieser 1130 in der normannischen Schatzkammer arbeitete, und ähnlich findet noch mehrfach ein Austausch von Beamten zwischen beiden Ländern Statt; auch kann, wer hier schuldet, dort einzahlen — eine stete Verbindung ist vielfach bezeugt. Wenn wir nun finden, dass normannische Pipe Rollen von 1180 und später den englischen zum Verwechseln ähneln[2]), so staunen wir um so mehr über Richards Bemerkung, „die beiden Exchequer seien in sehr vielen und fast den wichtigsten Punkten verschieden". Ich sehe keinen anderen Ausweg als anzunehmen, der Bischof von Winchester, welcher zwischen der Abfassungszeit des Dialogs und 1180 in der Normandie die Finanzen gründlich reformirte[3]), habe diese Aenderung zu Wege gebracht. Richards Nachricht zu verwerfen, geht nicht an : hier ist er vollkommen competent und hat kein Interesse zu lügen. Wenn er aber trotz dieser Verschiedenheit die Priorität des normannischen Exchequer für möglich hielt, so dürfen wir sie natürlich nicht als Argument dagegen aufführen.

VI. Der englische Exchequer wäre folglich höchstens wenige Jahre älter als der normannische, wenn es selbst gelänge, seine Priorität nach-

---

[1]) Entstehung der Schwurgerichte p. 132 ff., 217 ff.

[2]) Auch Madox ist dieser Ansicht. Ich fand in der Buchung nur einen kleinen Unterschied : in der Normandie giebt man den Debetposten, der abzurechnen ist, voll an, in England erhellt er nur aus Addition der Baareinzahlung, der Creditposten und des Debetrestes. Man wollte damit Betrügerei des Sheriffs vermeiden.

[3]) Er war anderthalb Jahr dort. Diceto 599.

zuweisen. Dagegen spricht eben so viel Wahrscheinlichkeit für die frühere Existenz des normannischen Exchequer. Letztere kann ich nicht mit
Brunner [1]) als durch Madox unwiderleglich bewiesen
erachten. Dessen Argumente sprechen eben nur für unsern
III. Punkt. Es ist aber wohl denkbar, dass Wilhelm erst
auf dem unterjochten Boden Englands eine Behörde schuf,
die bei der vielleicht beschränkteren Regierungsgewalt des normannischen Grafen nicht durchzusetzen gewesen war. Nor-
mannisches Gepräge musste sie auch dann tragen. —

Ob vor 1066 in der Normandie ein Echiquier dem Wesen nach existirte, das möchte schwerlich zu entscheiden
sein, wenn nicht neues Material (etwa aus der reichen
Sammlung ungedruckter normannischer Urkunden bei Herrn
Delisle [2]) in Paris) bekannt wird.

Wenn es aber der Forschung dereinst gelingt, die
Frage über die Entstehung des Exchequer, die Richard
offen liess, endgültig zu lösen — immerhin wird die bezügliche Stelle als Beleg für seine besonnene Kritik gelten können. — Er hat der Nachwelt damit die Bürgschaft gegeben,
dass sie das von ihm gezeichnete Bild des Exchequer im
Ganzen als wahrheitsgetreu betrachten darf.

---

[1]) l. c. p. 150.
[2]) Dem für freundliche Auskunft hier mein Dank ausgesprochen
sei.

Inhalts-Verzeichniss.